Estrategias de Impuestos:

*Cómo Ser Más Inteligente Que El Sistema Y
La IRS Cómo Un Inversionista En Bienes
Raíces Al Incrementar Tu Ingreso Y Reduciendo
Tus Impuestos Al Invertir Inteligentemente*

Volumen Completo

Por

Income Mastery

Estrategias de Impuestos:

Cómo Ser Más Inteligente Que El Sistema Y La
IRS Cómo Un Inversionista En Bienes Raíces
Al Incrementar Tu Ingreso Y Reduciendo Tus
Impuestos Al Invertir Inteligentemente

Volumen 1

Estrategias de Impuestos:

Cómo Ser Más Inteligente Que El Sistema Y La
IRS Cómo Un Inversionista En Bienes Raíces
Al Incrementar Tu Ingreso Y Reduciendo Tus
Impuestos Al Invertir Inteligentemente

Volumen 2

Estrategias de Impuestos:

Cómo Ser Más Inteligente Que El Sistema Y La
IRS Cómo Un Inversionista En Bienes Raíces
Al Incrementar Tu Ingreso Y Reduciendo Tus
Impuestos Al Invertir Inteligentemente

Volumen 3

TABLA DE CONTENIDOS

Estrategias de Impuestos: Volumen 1

Cómo Ser Más Inteligente Que El Sistema Y La IRS Cómo Un Inversionista En Bienes Raíces Al Incrementar Tu Ingreso Y Reduciendo Tus Impuestos Al Invertir Inteligentemente

Por

Income Mastery

Capítulo 1: El origen de los impuestos. Breve Historia sobre los impuestos que todos debemos conocer.

A lo largo de la historia y el transcurrir del tiempo de lo que llamamos civilización encontramos que desde las primeras formas de organización social que se establecieron han estado presente la figura de los impuestos los cuales eran fijados según su tipo y formas, esto era a discreción de los soberanos o regentes los cuales en su mayoría formaban parte de sus tributos, muchos de los cuales eran destinados para asuntos ceremoniales y dirigidos para los gastos de las clases más dominantes en su época.

La defraudación de impuestos teniendo el carácter y destino que se les daba eran poco comunes, debido al control directo que de la recaudación hacían los sacerdotes y soberanos. Es interesante destacar que entre algunos textos muy antiguos en escritura cuneiforme, es lo que se conoce como la escritura antigua echa en tabillas de barro de hace aproximadamente cinco mil años atrás, señalaban que "se puede amar a un príncipe, se puede amar a un rey, pero ante un recaudador de impuestos, hay que temblar", haciendo siempre una referencia directa a la cobranza de los impuestos.

De igual forma podemos encontrar en la historia de antiguas civilizaciones como la Egipcia, la China y la

Mesopotamia que en estás aparecieron las primeras normas de los impuestos con la aparición de las primeras leyes tributarias y se caracterizaron por ser textos muy antiguos.

Una forma común de cumplir con el tributo en Egipto era a través del trabajo físico, de esta forma se construyeron diferentes pirámides como la del Rey Keops en el año 2.500 a. C. la misma que duró veinte años más, participando aproximadamente unas 100,000 personas que trasladaban materiales desde Etiopia hasta el lugar donde se haría la construcción. También se encuentra en una inscripción de una tumba de Sakkara con una antigüedad de aproximadamente 2,300 años a. C. la que trata de una declaración de impuestos sobre animales, frutos del campo y semejantes a esta.

Por otra parte, en este mismo reino el pueblo tenía que arrodillarse ante los cobradores de impuestos del faraón, quienes además de presentar su declaración, tenían que pedir gracias por todos los servicios que prestaban. Las piezas de cerámica en ese entonces se usaban como recibos de impuestos. En la isla mediterránea de Creta, en el segundo milenio a. C. el rey Minos recibía hasta seres humanos como tributo. En China, Confucio fue inspector de hacienda del príncipe Dschau en el estado de Lu en el año 532 a. C. Lao Tse decía que al pueblo no se le podía dirigir bien por las excesivas cargas de impuestos.

En el caso particular de la América Latina, se puede comprobar el pago de impuesto a través de los envíos que los colonos españoles realizaban en oro, piedras preciosas y alimentos a los monarcas que se encontraban en Europa como una forma de regalías durante la época de colonización de los conquistadores españoles en el nuevo continente.

En el México precolombino, se acostumbraba entregar a los aztecas bolas de caucho, águilas, serpientes y anualmente mancebos a los que se les arrancaba el corazón como parte de sus ceremonias religiosas. El cobro de impuestos y tributos, tuvo también sus cosas excéntricas y en algunos casos oscuras, se tiene noticia que el rey Azcapotzalco en una ocasión, pidió a los aztecas que aparte de la balsa sembrada de flores y frutos que le entregaban como tributo, le llevaran también una garza y un pato echado sobre sus huevos, de tal manera que al recibirlos estuvieran picando el cascarón.

Los aztecas mejoraron su técnica de tributación, utilizaron a los calpixquis denominados así a la figuras recaudadora de impuestos, los cuales llevaban como signo distintivo o credencial una vara en una mano y un abanico en la otra y se dedicaban al cobro de tributos. Imponían fuertes cargas a los pueblos vencidos, situación que quedó asentada en los códices pre y post cortesanos, mismos que muestran la infinidad de objetos, productos naturales como el algodón y los metales preciosos que eran utilizados como tributos. El Código Mendocino nos dice que se pagaban tributos también con artículos procesados como las telas, además de la existencia de un registro (matrícula de tributos). Posteriormente el tributo en especie de los aztecas, fue sustituido por el cobro de impuestos en monedas por el gobierno Español.

En Perú, el cobro de tributos para los incas, consistía en que el pueblo ofrecía lo que producía con sus propias manos al dios rey, el mismo que a cambio les daba lo necesario para su subsistencia, apoyado claro, por un ejército de funcionarios. Para hacer sus cuentas los Incas utilizaban unas cuerdas anudadas por colores (dependiendo del impuesto) llamadas "quipos", las cuales se anudaban conforme a su cuantía. Eran tan complicados los procesos, que se tenía que solicitar la asistencia de asesores fiscales llamados "quipos-camayos" para toda su elaboración y cobro.

Como se puede observar, en la antigüedad, la forma de pagar y cobrar tributos no era del todo equitativa y más bien obedecía a situaciones de capricho, mandato divino o sojuzgamiento de un pueblo por otro con solo el fin de satisfacerse. También podemos ver que los mismos seres humanos eran parte de los tributos y eran destinados a sacrificios ceremoniales u obligados a realizar trabajos físicos. Algunas declaraciones de impuestos eran humillantes, ya que al presentarlas, el contribuyente tenía que arrodillarse y pedir gracias.

Ahora bien, en la actualidad como bien puedes comparar, los impuestos se manejan de forma muy distinta principalmente al ser los impuestos una forma de contribución obligatoria que hacen los ciudadanos de un país a su gobierno. Esto con el fin de que el Estado obtenga los ingresos que son necesarios para desarrollar sus funciones a cabalidad en cuanto a temas como pueden ser la educación, la salud, la alimentación, la seguridad del estado, entre muchos otros proyectos en dirección a beneficiar a su población de interés.

Capítulo 2: ¿Qué son los impuestos y los tipos más importantes de impuestos que existen?

Para poder definir qué son los impuestos, es necesario e importante saber y entender que no todos los impuestos son iguales para todos, ya que la cantidad que se debe pagar en tributos varía dependiendo de algunas características como lo son cuántos ingresos y bienes posean las personas o empresas que deben cancelar dichos impuestos. Los impuestos también son conocidos con el nombre de prestaciones o tributos, se entiende como las contribuciones de carácter obligatorio que por lo general deben realizarse por medio de pagos en dinero, bien sea de forma efectiva o a través de tus tarjetas de débito o crédito dependiendo del tipo de pago que estos acepten, dichos pagos van remitidos al Estado como entidad gubernamental que regula dichas contribuciones destinados estos a ser administrados por entidades nacionales de derecho público creadas con este fin, que son las encargadas de reclamar dichas contribuciones a cada uno de nosotros.

En tal sentido los impuestos tienen como probidad tener el poder coactivo, es decir que su cumplimiento es de forma forzosa y no va a depender de tu discrecionalidad o decisión, en definitiva es un deber que debes cumplir y su forma y cuantía son determinadas unilateralmente por el Estado y sin contraprestación especial con el fin de satisfacer las necesidades colectivas.

De hecho, el impuesto es una prestación tributaria obligatoria, cuyo presupuesto no es una actividad del Estado referida al obligado y destinada a cubrir los gastos públicos pero el impuesto si es la representación de la prestación de dinero o en especie que establece el Estado conforme a la ley, con carácter obligatorio, a cargo de personas físicas y morales para cubrir el gasto público y sin que haya para ellas contraprestación o beneficio especial, directo e inmediato. Es decir que no vas a poder decidir el destino inmediato y especifico para el cual van a ser usados tus impuesto, esta es una decisión privilegiada y exclusiva del Estado nacional de tu país.

En el ámbito económico, el tributo es entendido como un tipo de aportación que todos los ciudadanos deben pagar al Estado para que este los redistribuya de manera equitativa o de acuerdo a las necesidades del momento. Exceptuando algunos casos, los tributos se pagan mediante prestaciones monetarias y se pueden agrupar en tres categorías: impuestos, contribuciones y tasas.

Tipos de impuestos

Existen dos tipos de impuestos principales al momento de clasificarlos: los impuestos directos y los indirectos, sin obviar que existen otros tipos de impuestos los cuales señalaremos más adelante.

- Impuestos directos: vamos a entender que son todos aquellos impuestos que recaen, de manera directa, sobre la persona, empresa o sociedad, entre otros; estos se basan en la capacidad económica de los mismos, la obtención de rentas y los patrimonios que posean. Entre los impuestos directos que se encuentran de manera más común se destacan: aquel que se establece a la renta de personas físicas y el impuesto sobre sociedades.

- Impuestos indirectos: A diferencia de los impuestos directos, los indirectos son aquellos que son impuestos a bienes y servicios, así como a las transacciones que se realizan con ellos, en otras palabras, cada vez que una persona realiza la compra de un bien o servicio, está pagando un impuesto de manera indirecta. Este tipo de impuesto no lo paga directamente la persona específica, sino que recae sobre aquel bien o servicio que es adquirido. Entre los impuestos indirectos más comunes se encuentra el Impuesto al Valor Agregado (IVA), el impuesto especial sobre bebidas alcohólicas y el impuesto a transmisiones patrimoniales.

Otros tipos de impuestos: Al referirnos a otros tipos de impuestos nos referimos a los impuestos progresivos, los impuestos regresivos y los impuestos proporcionales, estos tienen su propio protocolo de aplicación y van a tener una incidencia distinta siguiendo los patrones y modelos tributarios de cada país, pero en términos generales dentro de esta clasificación se pueden explicar de la siguiente forma:

- Impuestos proporcionales: Que son los impuestos cuya cuota se calcula con un porcentaje fijo, como el IVA, sin importar la renta del individuo que debe pagar el impuesto.

- Impuestos regresivos: Que son aquellos impuestos en donde a mayor ganancia menor es el porcentaje de impuesto, como por ejemplo el IVA a los bienes básicos.

- Impuestos progresivos: Son aquellos impuestos en donde a mayor sea la renta o ganancia que se percibe, mayor es el porcentaje de impuestos que se debe pagar, como el aplicado a la renta de las personas naturales o jurídicas.

¿Cuáles son las clases de tributos?

Según las leyes tributarias en general, los impuestos son tributos exigidos sin contraprestación, cuyo hecho imponible está constituido por negocios, actos o hechos de naturaleza jurídica o económica que ponen de manifiesto la capacidad contributiva del sujeto pasivo como consecuencia de la posesión de un patrimonio, la circulación de bienes o la adquisición o gasto de la renta. Es decir, que los impuestos son pagos que se realizan porque se demuestra la capacidad de hacer frente al pago para financiar con ello la administración pública.

Los impuestos se pueden clasificar en:

- Los Impuestos Directos (como el Impuesto Sobre la Renta o ISR) e Indirectos (como el Impuesto de Valor Agregado o IVA).

- Los Impuestos Personales (porque el contribuyente paga por su capacidad global) y Reales (el contribuyente paga por un hecho que demuestra su capacidad).

- Impuestos Objetivos (no tienen en cuenta la capacidad del contribuyente) y Subjetivos (sí tienen en cuenta la capacidad del contribuyente).

- Impuestos Periódicos (se pagan más de una vez en el tiempo) y en Instantáneos (se pagan una vez por unos hechos).

Una figura que resulta clave en la comprensión del concepto de tributo es el hecho imponible, en este contexto, se trata de la circunstancia o el presupuesto de hecho (de naturaleza jurídica o económica), fijado por la ley para configurar cada tributo, cuya realización origina el nacimiento de la obligación tributaria principal; es decir, el pago del tributo. Por ejemplo, la obtención de renta es el hecho imponible en el Impuesto sobre la Renta de las Personas Físicas o la posesión de un bien inmueble, el del Impuesto de Bienes Inmuebles.

Es importante considerar que existen algunos impuestos que deben ser cancelados a nivel nacional o federal, mientras que otros son competencia de las Haciendas Locales, por lo que es importante informarse bien sobre estos detalles a la hora de pagar los tributos correspondientes, para así evitar problemas y complicaciones innecesarias en todo caso.

Capítulo 3: Conceptos generales que debemos conocer

¿Quiénes son los contribuyentes y cuáles son sus obligaciones?

Ahora bien, en este intrincado mundo de los impuestos, grábameles, tributos o en su diversidad de forma de expresión encontramos la figura del contribuyente. Los contribuyentes no son más que los ciudadanos, en pocas palabras, las personas que en su condición de persona natural o con figura jurídica deben los respectivos pagos de los impuestos que deban afrontar según su condición o circunstancia requerida, en pocas palabras, el contribuyente es aquel que paga impuestos al Estado.

De esta forma es importante que los contribuyentes observen y tomen en cuenta algunos aspectos para dar cumplimiento a las obligaciones que tengan que cumplir, por ende, el llevar la contabilidad de sus operaciones, separando aquellas gravadas y exentas y de las que no den lugar al acreditamiento es de gran beneficio y muchas veces hasta un requisito fiscal.

Por lo antes descrito vamos a señalar algunos de los aspectos que debe tomar en cuenta el contribuyente para la planificación organizada del pago de sus impuestos:

- El contribuyente debe siempre expedir documentos que comprueben el valor de la contratación pactada, señalando expresamente y por separado el impuesto al valor agregado que se traslada. Estos documentos deberán entregarse al adquiriente dentro de los quince días naturales siguientes a la operación.

- Al presentar declaraciones, aquellos contribuyentes que tengan varios establecimientos deben presentar una sola declaración.

- Los contribuyentes han de recabar y resguardar para su futuro empleo los comprobantes donde se traslade el IVA por separado.

- Los corredores de impuesto realizarán la separación de su contabilidad de las de otros registros. Por ende, los contribuyentes han de entregar la documentación en el orden y manera prevista por las instituciones de recaudadoras y de hacienda.

- El contribuyente debe hacer que el IVA se incluya en el precio, cuando se trate con el público en general.

- Los contribuyentes deberá conservar en cada establecimiento, copia de todas las declaraciones de pago realizadas.

- Todos los contribuyentes que en algún momento gocen del beneficio de retenciones deben expedir constancias por efecto de las retenciones obtenidas.

¿Quiénes son el denominado sujeto pasivo y sujeto activo en los impuestos?

Luego de conocer de qué se tratan los impuestos como a su vez sobre la figura del contribuyente, debemos saber también a qué se le conoce como sujetos del impuesto, en el entendido que el primer elemento que interviene en una relación tributaria es el sujeto. El sujeto es de dos clases, un sujeto activo y uno pasivo.

Dentro de la organización de los Estados, los sujetos activos son: las Gobernaciones o estados Federales, las Entidades locales como alcaldías o ayuntamientos y los Municipios con sus concejales.

Es decir todos aquellos representantes del gobierno son sujetos activos ante el derecho que les da su investidura de exigir el pago de tributos; pero no todos los impuestos van a tener la misma amplitud y extensión. Todas las instituciones nacionales o de carácter nacional van a tener aquellas limitaciones constitucionales que así estén definidas y específicamente contenidas en cada carta magna de un país, por ende, dichas instituciones luego de cuidar dichos preceptos pueden establecer los impuestos que consideren necesarios para cubrir sus presupuestos. En cambio, el Municipio sólo tiene la facultad de recaudarlos salvo en aquellos casos que la constitución así lo permita.

Teniendo en cuenta la diferencia explicada podemos decir que los gobiernos nacionales como federales y las entidades locales tienen soberanía tributaria plena. Los Municipios tienen soberanía tributaria subordinada.

Ahora bien, cuando hablamos de sujeto pasivo, este es la persona que legalmente tiene la obligación de pagar el impuesto, es decir, nosotros como contribuyentes que en nuestra condición de ciudadanos que hacemos vida social y en común, tenemos la obligación de contribuir con el desarrollo plenipotenciario de nuestro país y en la mejora de los servicios públicos, pagando debidamente nuestros impuesto sobre la renta ISR o impuesto del valor agregado IVA y cualquier otro impuesto que determine la ley según la labor que estemos ejerciendo (como vender algún bien, alquilar o arrendar un inmueble).

Capítulo 4: ¿A que llamamos Impuesto al Valor Agregado o IVA?

Ahora bien cuando entramos en el tema del IVA ya tenemos el conocimiento de que existe una variedad muy diversa de los tipos de impuestos pero si uno de ellos se destaca por su amplio uso y efecto directo en el común de los ciudadanos es el denominado impuesto sobre el valor agregado conocido comúnmente con las siglas IVA. Este tributo forma parte del grupo de impuestos a las ventas, afecta directamente al consumidor a través de industriales y comerciantes, es decir, todo aquello que adquirimos a través de la compra de un objeto presenta este tipo de tributo como un valor agregado al precio. Porque el impuesto sobre el valor agregado grava aparentemente el ingreso industrial y del comerciante, cuando en realidad lo que refleja es el gasto del consumidor y directamente el precio real y el precio pagado a efectos del tributo pagado.

El Estado considera que independientemente de las ganancias que el particular pueda obtener con su actividad, existe el beneficio que el particular deriva de la acción del Estado, encaminada a la prestación de servicios públicos y por la cual debe pagar con el objeto de sostener los gastos que esos servicios públicos demandan.

Esto significa que por la acción del Estado, el particular deriva dos clases de beneficios: uno que está representado por el uso que puede hacer de los servicios que el Estado proporciona y el otro por la ganancia que puede derivar de la actividad que desarrolla dentro del mundo jurídico en que se mueve, dentro de los límites y bajo la protección del Estado.

El Impuesto al Valor Agregado conocido universalmente por sus siglas IVA abroga o sustituye, entre otros, al impuesto federal sobre ingresos mercantiles, cuya principal deficiencia radicaba en que se causaba en "cascada", es decir, que debía pagarse en cada una de las etapas de producción y comercialización, lo que determinaba en todas ellas un aumento de los costos y los precios, aumento cuyos efectos acumulativos, en definitiva, afectaban a los consumidores finales.

Ahora bien la finalidad para la cual se implementó el IVA ha sido el eliminar los resultados nocivos del impuesto federal o gubernamental de ingresos mercantiles, pues destruye el efecto acumulativo en cascada y la influencia que la misma ejerce en los niveles generales de precios. Eso, si este impuesto va directo al contribuyente, es decir, que es un impuesto directo que hemos de pagar los ciudadanos por adquirir un producto.

Es así como la intención del IVA no es perjudicar ni pretende gravar la utilidad de las empresas, lo que afecta es el valor global, real y definitivo de cada producto a través de la imposición sobre los distintos valores parciales de cada productor, fabricante, mayorista, minorista va incorporando al artículo en cada etapa de la negociación de las mercaderías, tanto en el ciclo industrial como en el comercial, son productores de riqueza y deben ser en consecuencia, gravados con este tipo de impuesto.

Sin pasar por alto que el impuesto de valor agregado o IVA, también se paga en cada una de las etapas de producción, no produce efectos acumulativos, ya que cada industria o comerciante al recibir el pago del impuesto que traslada a sus clientes, recupera el que a él le hubieran repercutido sus proveedores, y sólo entrega al Estado la diferencia; de esta forma, el sistema no permite que el impuesto pagado en cada etapa influya en el costo de los bienes y servicios, y al llegar estos al consumidor final no llevan oculta en el precio ninguna carga fiscal.

Del mismo modo el impuesto de valor agregado o IVA que se paga en algunos países es un impuesto indirecto, es decir lo paga una persona que tiene no sólo el derecho sino la obligación de trasladarlo, para que al final lo pague el consumidor. Es de tipo real porque el hecho imponible no tiene en cuenta las condiciones personales de los sujetos pasivos, sino sólo la naturaleza de las operaciones económicas.

¿Quiénes son los Sujetos del impuesto al valor agregado o IVA?

Entendemos por tales a aquellas personas físicas y morales legalmente obligadas al pago de dicho impuesto. En la mayoría de los países es obligatorio el pago de

25

impuesto al valor agregado o IVA las personas físicas y morales que, en su territorio nacional, realicen los actos o actividades referentes a la realización de las siguientes actividades:

1. Enajenación de bienes.

2. Prestación de servicios independientes.

3. Otorgar el uso o goce temporal de bienes.

4. Importen bienes o servicios.

5. Exportación de bienes o servicios.

En tal sentido es pertinente que conozcamos qué quiere decir o cómo se interpretan cada una de las acciones o actos que fueron señalados anteriormente:

1. Qué entendemos por enajenación?

Se entiende por enajenación toda transmisión de la propiedad de bienes, con excepción de la que se realice por causa de muerte o por fusión de sociedades. Por ejemplo, la donación se considera como enajenación gravada, cuando la realicen empresas para las cuales el donativo no sea deducible para los fines del denominado impuesto sobre la renta o ISR.

También hemos de entender como una actividad de enajenación:

- La venta en la que el vendedor se reserve la propiedad de lo vendida desde que se celebre el contrato, aún cuando la transferencia opere con posterioridad, o no llegue a efectuarse.

- Las adjudicaciones, aun cuando se realicen a favor del acreedor.

- La aportación a una sociedad, fundación o asociación.

- La que se realiza mediante el arrendamiento financiero.

Exenciones o privilegios ante los pagos del impuesto al valor agregado o IVA.

No se paga impuesto en la enajenación de los siguientes bienes:

- El suelo

- Construcciones adheridas al suelo, destinadas o utilizadas para casa habitación. Cuando sólo una parte del inmueble se utilice para casa habitación, no se pagará el impuesto por dicha parte. Los hoteles por su propio carácter de empresa con fines de lucro no quedan comprendidos en esta fracción.

- Libros, periódicos y revistas, así como el derecho para explotar una obra, que realice su autor.

- Bienes muebles usados, a excepción de los enajenados por empresas.

- Billetes y demás comprobantes que permitan participar en loterías, rifas, sorteos o juegos con apuestas y concursos, así como los premios respectivos, a que se refiere la Ley del impuesto sobre la renta o ISR.

- Moneda nacional y extranjera, así como las piezas de oro o de plata que hubieran tenido tal carácter y las piezas denominadas "onza troy".

- Lingotes de oro con un contenido mínimo de 99% de dicho material, siempre que su enajenación se efectúe en ventas al menudeo con el público en general.

Se considera realizada la enajenación en cualquiera de los siguientes supuestos:

- Desde el momento que se envíe o entregue el bien al comprador.

- Desde que se pague parcial o totalmente el precio del bien.

- Desde el momento que se expide el documento que ampare la enajenación.

2. ¿Qué es la prestación de servicios independientes?

Son considerados servicios independientes:

- La prestación de obligaciones de hacer que realice una persona a favor de otra, cualquiera que sea el acto que le dé origen y el nombre o clasificación que a dicho acto le den otras leyes.

- El transporte de bienes o personas.

- El seguro, el afianzamiento y el refinanciamiento.

- El mandato, la comisión, la mediación, la agencia, la representación, la correduría, la consignación y la distribución.

- La asistencia técnica y la transferencia de tecnología.

- Toda otra obligación de dar, de no hacer o de permitir, asumida por una persona en beneficio de otra, siempre que no esté considerada por esta ley como enajenación o uso o goce temporal de bienes.

No se paga el impuesto por la prestación de los siguientes servicios:

- Los prestados directamente por la Federación, DF., Estados y Municipios que no correspondan a sus funciones de derecho público.

- Los prestados por instituciones públicas de seguridad social.

- Comisiones y contraprestaciones que cubra el acreditado a su acreedor con motivo del otorgamiento de créditos hipotecarios.

- Las comisiones que cobren las Afores por la administración de sus recursos.

- Los servicios gratuitos.

- Los servicios de enseñanza.

- El transporte público terrestre de personas, excepto ferrocarril.

- El transporte marítimo internacional de bienes prestado por residentes en el extranjero sin establecimiento permanente en el país.

- Los de maquila de harina o masa, de maíz o trigo.

- Los de pasteurización de leche.

- El aseguramiento contra riesgos agropecuarios y los seguros de vida, ya sea que cubran el riesgo de muerte u otorguen rentas vitalicias o pensiones, así como las comisiones de agentes que correspondan a los seguros citados.

- Operaciones financieras derivadas.

- Servicios proporcionados a sus miembros, partidos políticos, asociaciones, coaliciones, sindicatos, cámaras de comercio, asociaciones patronales y colegios de profesionales.

- Los de espectáculos públicos por el boleto de entrada. No se considera espectáculo público los prestados en restaurantes, bares, cabarets, salones de fiesta o de baile y centros nocturnos.

3. ¿A que se le denomina uso o goce temporal de bienes?

Se entiende por uso o goce temporal de bienes el arrendamiento, el usufructo y cualquier otro acto, independientemente de la forma jurídica que al efecto se utilice, por el que una persona permita a otra usar o gozar temporalmente bienes tangibles a cambio de una contraprestación.

Exenciones:

No se pagará el impuesto en los siguientes casos:

- Inmuebles destinados o utilizados exclusivamente para casa habitación. Si un inmueble tuviere varios usos, por la parte proporcional a la casa habitación se pagará impuesto.

- Fincas para fines agrícolas o ganaderas.

- Bienes tangibles cuyo disfrute sea otorgado por residentes en el extranjero sin establecimiento permanente en territorio nacional.

- Libros, periódicos y revistas.

4. ¿Qué son los bienes importados?

Se consideran importación de bienes a todo producto de cualquier característica que sea introducido en el territorio de una nación, es decir, que su procedencia sea externa a la producción nacional, en tal sentido los tipos de impuesto que se aplicarán conciernen a:

- La introducción de bienes extranjeros al país.

- La adquisición por personas residentes en el país de bienes tangibles enajenados por personas no residentes en él.

- El uso o goce temporal, en territorio nacional, de bienes intangibles proporcionados por personas no residentes en él.

- El uso o goce temporal, en territorio nacional de los servicios a que se refiere el tema anterior, cuando se presten por no residentes en el país.

Esta fracción no es aplicable al transporte internacional.

Exenciones.

- Aquellas que no lleguen a consumarse, sean temporales, tengan el carácter de retorno de bienes exportados temporalmente o sean objeto de tránsito o trasbordo.

- Las de equipaje y materiales de casa referidas en el código aduanero.

- Bienes donados por residentes en el extranjero a la Federación, Estados, Municipios de acuerdo a las reglas de carácter general establecidas al efecto por la Secretaría de Hacienda y Crédito Público.

5. ¿A que llamamos exportación de bienes o servicios?

Se define así a la actividad económica que personas o empresas realicen fuera de su país aún teniendo residencia fiscal en su país de origen. Las empresas residentes en el país pagarán el impuesto por enajenación de bienes o prestación de servicios cuando unos u otros exporten los productos o servicios que bien tengan en desarrollar. De tal manera que serán de obligación por parte de los contribuyentes el pago de impuestos en los casos siguientes:

- La enajenación de bienes intangibles realizada por personas residentes en el país a quien resida en el extranjero.

- El uso o goce temporal, en el extranjero, de bienes intangibles proporcionados por personas residentes en el país.

- El aprovechamiento en el extranjero de servicios prestados por residentes en el país por concepto de: a) asistencia técnica, b) operaciones de medida para exportación, c) publicidad, d) comisiones y mediación, e) seguros y reaseguros, f) operaciones de financiamiento.

- La transportación internacional de bienes prestada por residentes en el país.

- La transportación aérea de personas, prestadas por el residente en el país, por la parte del servicio que no se considera prestada en territorio nacional.

El exportador podrá elegir entre el acreditamiento o la devolución de las cantidades pagadas sobre los bienes o servicios exportados aun cuando se trate de artículos exentos, o cuando las empresas residentes en el país exporten bienes tangibles para enajenarlos o para conceder su uso o goce en el extranjero.

Capítulo 5: Sobre el renombrado y obligatorio Impuesto Sobre la Renta o ISR.

¿Qué es el Impuesto sobre la renta (ISR)?... pregunta que muchos se hacen pero que todos deben pagar.

Para comprender este impuesto de tipo directo que la mayoría de los sujetos contribuyentes deben realizar debemos conocer:

¿Qué se conoce por Renta?

Se llama Renta, al producto del capital, del trabajo o de la combinación del capital y del trabajo. Puede distinguirse para los efectos impositivos la renta bruta, que es el ingreso total percibido sin deducción alguna, como sucede por ejemplo cuando un impuesto grava los ingresos derivados del trabajo o derivados del capital en forma de intereses. Otras veces se grava la renta libre que queda cuando después de deducir de los ingresos los gastos necesarios para la obtención de la renta, se permite también la deducción de ciertos gastos particulares del sujeto del impuesto.

¿A quién se le denomina Sujeto?

Se le denomina sujeto a todas las personas físicas y morales que deben pagar ISR por:

- Residentes nacionales respecto de sus ingresos anuales.

- Residentes en el extranjero que tengan un establecimiento permanente o una base fija en el país, respecto de los ingresos atribuibles a dicho establecimiento o base. Igualmente aquellos cuyos ingresos procedan de fuentes dentro de territorio nacional y que no cuenten con un establecimiento permanente y cuando este existe, que los ingresos no sean atribuibles a ellos.

¿Qué es un Establecimiento permanente?

Es cualquier lugar de negocios en el que se desarrollen actividades empresariales (sucursales, agencias, oficinas, talleres, instalaciones, minas, lugar de exploración, explotación o extracción de recursos naturales).

¿Qué son los Ingresos de un establecimiento empresarial?

Son los provenientes de la actividad empresarial desarrollada, los provenientes de honorarios y aquellos que deriven de la prestación de un servicio personal independiente. También por la enajenación de mercancías o bienes inmuebles en territorio nacional.

¿Quién es una Personal Moral según las distintas legislaciones sobre el impuesto sobre la renta o ISR?

Son consideradas personas morales las sociedades mercantiles, organismos descentralizados con actividad empresarial, instituciones de crédito, sociedades y asociaciones civiles. Las personas morales pagarán por concepto de ISR el resultado de aplicar al 35% al Resultado Fiscal obtenido en el ejercicio.

¿De qué trata el Resultado Fiscal?

- Se obtiene la utilidad fiscal disminuyendo de la totalidad de los ingresos acumulables obtenidos en el ejercicio, las deducciones autorizadas por la Ley.

- A la utilidad fiscal del ejercicio se le disminuirán las pérdidas fiscales pendientes de aplicar de otros ejercicios.

¿Qué se conoce por Exención parcial?

Se concederá exención parcial a personas morales dedicadas exclusivamente a actividades agrícolas, ganaderas, silvícolas o pesqueras siempre que sus ingresos en el ejercicio no excedan la cantidad de salarios mínimo generales elevados al año que establezca la legislación fiscal de cada país.

Dicha exención tendrá un máximo que pueda exceder y en la totalidades de veces que también designe las autoridades fiscales de cada país.

Además no pagarán ISR por sus productos:

- Ejidos.

- Uniones de ejidos.

- Empresas sociales.

- Asociaciones rurales de interés colectivo.

- Unidad agrícola industrial de la mujer campesina.

- Colonias agrícolas y ganaderas.

¿Cuáles son las actividades con reducción de impuestos?

Se concederá reducción del impuesto en los siguientes casos y con porcentajes promedios en distintos países:

- Las actividades a dedicadas a la agricultura, ganadería, pesca o silvicultura, pude obtener de un 50 hasta un 75% en la reducción de impuesto según la política económica del país.

- Si dichos contribuyentes industrializan sus productos pueden obtener de un 50 a un 25% de reducción en sus impuestos dependiendo de los planes de producción y desarrollo de cada país.

- Si se realizan actividades comerciales o industriales en las que tengan como máximo el 30% de sus ingresos pueden obtener de un 15 a un 25% de reducción en sus impuesto según determine la ley tributaria de la nación.

- En el caso de la edición de libros, revistas y cualquier otro producto editorial se puede obtener de un 25% a un 75% según la finalidad de la publicación. Obteniendo por supuestos las mayores reducciones tributarias las de carácter educativo.

Son contribuyentes de este tipo, aquellos cuyos ingresos por sus actividades representen cuando menos el 90% de sus ingresos totales.

¿Qué conocemos por Ingresos?

Las personas morales acumularán la totalidad de los ingresos en efectivo, bienes, servicio, crédito cualquier otro tipo que obtengan en el ejercicio, inclusive los provenientes de sus establecimientos en el extranjero. En pocas palabras, es toda aquella recaudación que se obtenga por el préstamo de un servicio o transacción de tipo comercial o mercantil.

La ganancia inflacionaria es el ingreso que obtienen los contribuyentes por la disminución real de sus deudas.

Se consideran ingresos acumulables los siguientes:

- Algunos Ingresos determinados por entes emisores del impuesto al ISR.

- Ingresos en especie. La diferencia entre la parte de la inversión aún no deducida, actualizada según la ley y el valor que conforme al avalúo practicado por persona autorizada por el ente emisor del impuesto tenga en la fecha en que se transfiera su propiedad por pago en especie.

- Diferencia entre inventarios en caso de ganaderos. La diferencia entre los inventarios final e inicial de un ejercicio, cuando el inventario final sea el mayor tratándose de contribuyentes dedicados a la ganadería.

- Beneficio por mejoras que pasan a poder del arrendador. Los que provengan de construcciones, instalaciones o mejoras permanentes en inmuebles, que de conformidad en los contratos por los que se otorgó su uso o goce queden a beneficio del propietario.

- Ganancia por enajenación de activos, títulos, fusión, escisión, etc.

- Pagos por recuperación de un crédito deducido por incobrable.

- Recuperación por seguros, fianzas. Etcétera.

- Ingresos por indemnización de seguro del hombre clave. Las cantidades que el contribuyente obtenga como indemnización para resarcirlo de la disminución que en su productividad haya causado la muerte, accidente o enfermedad de técnicos o dirigentes.

- Intereses y ganancia inflacionaria.

En cuando a las deducciones, los contribuyentes podrán efectuar las deducciones siguientes:

- Devoluciones, descuentos o bonificaciones. Aun cuando se efectúen en ejercicios posteriores.

- Adquisición de mercancías, así como de materias primas, productos semiterminados o terminados que utilicen para prestar servicios, para fabricar bienes, para enajenarlos, disminuidas con las devoluciones, descuentos y bonificaciones sobre las mismas efectuadas inclusive en ejercicios posteriores.

- Gastos.

- Inversiones.

- Diferencia de inventarios en el caso de ganaderos.

- Créditos incobrables y pérdidas por caso fortuito.

- Aportaciones a fondos para tecnología y capacitación (Art. 27).

- Creación de reservas para fondos de pensiones, jubilaciones, etcétera.

41

- Intereses y pérdida inflacionaria.

- Anticipos y rendimientos que paguen las sociedades cooperativas de producción, así como los anticipos que entreguen las sociedades y asociaciones civiles a sus miembros.

¿Qué se entiende por Activos fijos, gastos y cargos diferidos?

Se consideran inversiones los activos fijos, gastos y cargos diferidos, para entenderlos mejor diremos que:

LOS ACTIVOS FIJOS:

Son un conjunto de bienes tangibles que utilizan los contribuyentes para la realización de sus actividades y que se demeriten por el uso en el servicio del contribuyente y por el transcurso del tiempo. La adquisición o fabricación de estos bienes tendrá siempre como finalidad la utilización de los mismos para el desarrollo de las actividades del contribuyente, y no la de ser enajenados dentro del curso normal de sus operaciones.

LOS GASTOS DIFERIDOS:

Son los activos intangibles representados por bienes o derechos que permitan reducir costos de operación, o mejorar la calidad o aceptación de un producto, por un período limitado, inferior a la duración de la actividad de la persona moral. También se consideran gastos diferidos los activos intangibles que permitan la explotación de bienes del dominio público o la prestación de un servicio público concesionado.

LOS CARGOS DIFERIDOS:

Son aquellos que reúnen los requisitos señalados en el párrafo anterior. Excepto los relativos a la explotación de bienes del dominio público o a la prestación de un servicio público concesionado, pero cuyo beneficio sea por un período ilimitado que dependerá de la duración de la actividad de la persona moral.

Algunas de las obligaciones que tienen las Personas Morales son las siguientes:

- Llevar contabilidad.

- Expedir comprobantes por las operaciones realizadas.

- Formular estados financieros y levantar inventarios.

- Presentar declaración anual.

- Llevar registro de operaciones con títulos valor emitidos en serie.

- Conservar documentación comprobatoria.

Por otro lado, estas son las obligaciones de las Personas Físicas:

- Pagan impuesto sobre la renta o ISR todas las personas residentes en la nación.

- Las residentes en el extranjero con actividad empresarial o que presten servicios personales independientes en el país.

Las Exenciones en el pago del impuesto sobre la renta o ISR, pueden ser en los casos de:

- Prestaciones distintas del salario y tiempo extra.

- Indemnizaciones por riesgos o enfermedades.

- Jubilaciones, pensiones y haberes del retiro.

- Reembolso de gastos médicos, dentales, hospitalarios y de funeral.

- Prestación de seguridad social y previsión social.

- Entrega de depósito al instituto encargado de la seguridad social o cualquier otra denominación que se le dé en cada país.

- Cajas y fondos de ahorro de los trabajadores.

- Cuota del IMSS.

- Primas de antigüedad, retiro e indemnizaciones (90 veces SMG x cada año de servicio).

- Gratificaciones, primas vacacionales y PTU (15 veces SMG).

- Remuneraciones percibidas por extranjeros.

- Gastos de representación y viáticos.

- Rentas congeladas.

- Enajenación de casa habitación siempre que se compruebe haber habitado los dos últimos años anteriores a la enajenación.

- Actividades agrícolas, ganaderas, silvícolas o pesqueras (20 veces SMG al año).

- Intereses pagados por instituciones de crédito siempre que sean depósitos de ahorro efectuados por un monto que no exceda del equivalente al doble del SMG elevado al año.

- Intereses recibidos por instituciones de crédito internacionales.

- Intereses de bonos emitidos por el Gobierno Federal.

- Intereses derivados de instituciones de seguros.

- Herencia o legado.

- Donativos (Servicio de mecenazgo, máximo de 3 a 4 veces al año según la legislación estatal).

- Indemnizaciones por daños.

- Alimentos.

- Derechos de autor.

- Ingresos por salario (Servicio Persona Subordinado).

Son obligación de los Sujetos:

- Proporcionar datos para la inscripción en el registro de hacienda o recaudación fiscal de así bien tenga destinado cada país para tal fin.

- Solicitar las constancias de retención de impuestos.

- Presentar declaración anual.

- Comunicar por escrito cuando se labore para dos o más patrones.

Son obligación de los Patrones:

- Retener el ISR.

- Calcular el impuesto anual.

- Proporcionar constancias a los trabajadores a más tardar el 31 de enero.

- Solicitar constancias cuando el trabajador laboró para otros patrones.

- Solicitar al trabajador informe si ha trabajado para otro patrón.

- Presentar declaración anual por sueldos pagados.

- Solicitar datos a los trabajadores para inscribirlos al sistema nacional de registro fiscal.

Capítulo 6: ¿Qué son las reducciones de impuestos?

Las reducciones de impuestos por un lado son los cambios en la legislación fiscal que efectivamente reducen la cantidad de impuestos que debes pagar, es decir, esta clase de cambios establecidos tienen un efecto negativo en los impuestos pero positivo en cuanto al dinero que debemos invertir en el.

El término "reducción de impuestos" puede parecer un poco difícil de entender y muchas veces confuso, porque es un término amplio que cubre una diversa gama de situaciones que dan lugar a un menor importe del impuesto recaudado por el gobierno. Lo único que todos los recortes de impuestos tienen en común es que modifican una ley tributaria preexistente o implementan una nueva que reduce efectivamente la cantidad de impuestos que tienes que pagar.

Por otra parte, hemos de tener en cuenta que los contribuyentes podemos reducir nuestros impuestos en la medida que tomemos previsiones y nos organicemos de manera tal que nuestros ingresos no se vean afectados por el pago de demasiados impuestos. Por eso más adelante hemos preparado un capítulo completo para tal fin.

¿Qué son las Reducción de las tasas de impuesto sobre la renta?

En algunos países se han decretados recortes o reducción en el pago del impuesto sobre la renta como medidas transitorias dadas en formas de decretos presidenciales o resoluciones emitidas de los congresos o entes fiscales en sus facultades para tales efectos. En estos casos el efecto es muy amplio de la reducción de impuestos sobre la renta, ya que todos los contribuyentes se beneficiarán de forma automática.

En tal sentido podemos dar como ejemplo el caso norteamericano del año 2017, donde la tasa del impuesto más baja que cobraba el gobierno de Estados Unidos era de 10 por ciento. Si esto cambiaba al año siguiente para llegar a un 8 por ciento, entonces el Congreso habría emitido una reducción de impuestos. Para ilustrarlo, supongamos que declaras como contribuyente soltero y tienes US$8.000 de ingresos sujetos a impuestos. Utilizando la tasa del 10 por ciento, tendrás que pagar US$800 de impuesto sobre la renta. Sin embargo, después de esta reducción de impuestos, sólo pagarás US$640.

¿A que se le denominan Recortes temporales de impuestos?

En algunos casos, los gobiernos reducen los impuestos durante un período de tiempo específico para estimular la economía con una reducción de impuestos que desaparece en el siguiente año fiscal.

Un ejemplo perfecto es la reducción temporal de la tasa de impuestos del Seguro Social emitido por el Estado de

México del 6,2 al 4,2 por ciento durante el año fiscal 2012. Sin embargo en 2013, y años posteriores la tasa volvió al 6,2 por ciento. Del mismo modo, en 2009 el Congreso permitió que los que reciben la compensación por desempleo excluyan los primeros US$2.400 de los ingresos gravables. A partir de 2011, esta exclusión de US$2.400 ya no está disponible y desde entonces tienes que reportar el 100 por ciento de tu compensación por desempleo en tu declaración de impuestos.

¿De qué trata la expansión de los rangos de tasas impositivas?

La mayoría de los gobiernos que cobran un impuesto sobre la renta utilizan un sistema progresivo de impuestos. Es decir, usan diferentes tasas de impuestos según el rango específico de ingresos. En lugar de realizar una reducción de impuestos con una reducción en las tasas de impuestos, se puede obtener un resultado similar si el rango de ingresos sujetos a las tasas impositivas más bajas aumenta.

Por ejemplo, si el ISR impone impuestos a una tasa del 10 por ciento sobre los primeros US$9.325 de ganancias. Si el rango para el cobro de un 10 por ciento se incrementa hasta los US$12.000 de ingresos iniciales, este recorte de impuestos te puede ahorrar una cantidad significativa de dinero, ya que una menor proporción de tus ingresos estará sujeta al impuesto en los rangos más altos.

¿A que se le conoce como aumento de los límites de deducciones?

La mayoría de las deducciones que puedes pedir tienen limitaciones en la cantidad que puedes deducir o en cuanto al ingreso máximo que puedes ganar para tener derecho a reclamarlo.

Por ejemplo, cuando detallas tus deducciones, puedes incluir la porción de los gastos médicos que exceda un total de 7,5 por ciento de tu ingreso bruto ajustado (AGI, por las siglas en inglés) para el 2017 y 2018. Sin embargo, si el Congreso alguna vez decide reducir esta limitación al AGI o la elimina por completo, esto será efectivamente una reducción de impuestos ya que el resultado final es que pagarás menos impuestos al poder reclamar una deducción mayor.

Al prepararse para modificar el código fiscal de la nación, los legisladores de gubernamentales o federales han de considerar una pregunta fundamental: ¿Cuáles son las prioridades de una reforma impositiva? ¿Se busca un crecimiento más rápido? ¿Menor desigualdad del ingreso? ¿Una reducción de impuestos que no eleve el déficit presupuestario? Según cómo se focalice ese recorte impositivo, es posible lograr cierto avance hacia los primeros dos objetivos. La reducción del impuesto sobre la renta de las personas físicas puede contribuir a respaldar el crecimiento y, si está bien orientada, también puede ayudar a mejorar la distribución del ingreso. Sin embargo, observamos que al bajar las tasas del impuesto no se potencia suficientemente el crecimiento como para compensar la pérdida de ingresos fiscales causada precisamente por la propia reducción impositiva.

El debate sobre la reforma tributaria está en curso, en momentos en que la economía de Estados Unidos atraviesa uno de los períodos de expansión más prolongados de su historia. En el mediano plazo, sin embargo, las perspectivas de crecimiento se ven limitadas por un débil aumento de la productividad, una decreciente participación de la fuerza laboral, una distribución del ingreso cada vez más polarizada

Para encontrar soluciones a estos problemas es preciso tomar medidas en múltiples ámbitos, como el comercio, la educación y la salud. En la última evaluación de la economía de Estados Unidos, el FMI y las autoridades estadounidenses también mencionaron la política tributaria como un instrumento importante. En nuestro documento se analiza más estrechamente la noción de que las reformas impositivas, y los recortes del impuesto sobre la renta de las personas físicas en particular, pueden ayudar mucho a resolver estos retos. Pero, ¿cuánto puede servir realmente una reducción de impuestos? ¿Puede una reducción del impuesto sobre la renta personal impulsar el crecimiento? Y si es así, ¿puede elevarlo en grado suficiente como para no generar una carga sobre el presupuesto? Lo que es aún más importante, ¿llegarán los beneficios de la reforma a los hogares de ingresos bajos y medios?

Evaluar los efectos dinámicos de una reducción de la tasa efectiva del impuesto sobre la renta o ISR de las personas físicas en la distribución del ingreso y la economía en cualquier país es de real importancia dada la incidencia directa que tendrá tanto en nuestros ingresos como en la recaudación anual que realice el fisco de nuestra nación para provecho de todos los ciudadanos.

Para esta evaluación de la reducción de la tasa efectiva del impuesto sobre la renta o ISR se emplean herramientas modernas de análisis macroeconómico cuantitativo, basándonos en un modelo que recoge las características más destacadas de cada nación que resultan esenciales proporcionales para el tema de la reducción de impuestos, es decir, se emplean indicadores tales como, distintos tipos de hogares (diferenciados por nivel educativo), diferentes sectores productivos (manufactura y servicios) interrelacionados mediante una estructura realista de insumo-producto, y el comercio internacional.

Además, y a diferencia de los análisis convencionales de incidencia, este enfoque incorpora dinámicas y comportamientos prospectivos, lo cual nos permite considerar los efectos a mediano plazo de los cambios de políticas.

Capítulo 7: Beneficios y costos entre una reducción o deducción del ISR. Diferencias entre reducción y deducción del ISR

Supongo que ya todos conocemos la importancia de los impuestos para el funcionamiento de una nación en cuanto a que este aporte permite la mejora de servicios y proyectos de interés común, ahora bien, también es importante que el pago del tributo no sea desfavorable para nuestros propios intereses y el cubrir nuestras necesidades por tanto hemos de ser consientes del proceso que implica realizar el pago de nuestro ISR sin que esto resulte de manera desfavorable y mucho menos tener que pagar demás.

Para cuando estemos en el proceso de elaboración de nuestra planilla del ISR hemos considerado oportuno aclarar dos términos que a menudo se confunden cuando se trata de conceptualizar la idea de pagar menos impuestos por determinados beneficios fiscales: las deducciones y las reducciones.

Como característica común, tanto las reducciones como las deducciones fiscales tienen como resultado final aumentar la cantidad que nos devuelven del ISR o bien reducir el importe a pagar, en función de si el resultado es a pagar o a devolver. Es decir, en ambos casos estaremos beneficiándonos económicamente de su aplicación en nuestra declaración de la renta.

LAS REDUCCIONES FISCALES:

Tienen una afectación directa en la base imponible sobre la que se calcula la cuota resultante de ISR. Como norma general, las reducciones se relacionan con gastos asociados a la obtención de ingresos: cuotas a colegios profesionales, aportación a mutualidades de previsión social, etc.

Un claro ejemplo de cómo funcionan las reducciones a la hora de calcular el ISR lo tenemos en el concepto conocido como "mínimo personal y familiar", que resta de la base imponible un importe considerado como el mínimo imprescindible para cubrir necesidades básicas en función de las circunstancias de cada contribuyente. La aplicación de este concepto implica que, por ejemplo, de la base imponible siempre se descuenten un mínimo del valor total (en tu moneda local) antes de proceder a la aplicación del tipo impositivo que dará la cuota a pagar.

LAS DEDUCCIONES FISCALES:

Una vez aplicados los porcentajes correspondientes a la base imponible (restadas todas las reducciones), sabremos la cifra que se conoce como cuota íntegra, que es la que nos tocaría pagar (o recibir) si no fuera por la existencia de otro tipo de beneficios fiscales, conocidos como deducciones fiscales.

A diferencia de las reducciones, las deducciones fiscales suelen responder a una voluntad política en el fomento de determinados aspectos, como puede ser la maternidad, la rehabilitación de las viviendas habituales, el mecenazgo o cualquier otra forma de protección social.

Los importes de las deducciones fiscales se restan directamente de la cuota íntegra a pagar, teniendo una afectación directa en el importe que recibiremos o pagaremos finalmente. Por ejemplo, si nuestra cuota sin deducciones se eleva a un pago de 1.500 pesos, y aplicamos una deducción fiscal de 2.000 pesos por rehabilitación de la vivienda habitual, al final nuestra declaración de la renta resultará en una devolución a nuestro favor de 500 pesos.

Existen deducciones a nivel estatal y a nivel autonómico, y es importante saber a cuáles podemos optar y sus condiciones particulares (límites, requisitos o condiciones que estén previstas). Si nos aplicamos una deducción erróneamente, nos veremos obligados a devolver el importe con sus intereses correspondientes.

Por otro lado, no está demás conocer los argumentos expuestos por el del Fondo Monetario internacional (FMI) según la reducción de los impuestos de manera gubernamental como mecanismos para el aumento de la participación ciudadana, con tal finalidad y para estos efectos exponen el FMI en su blog los siguientes tres argumentos generales que según ellos han de ser considerados por las naciones que requieran de sus ayudas económicas o financiamientos los cuales son expuestos desde tres puntos de análisis, los cuales hacen referencia a:

- En cuanto a la reducción de impuestos para dar impulso al incremento de Producto Interno Bruto (PIB), destacan lo siguiente: aunque pudimos determinar que la reducción de impuestos genera por única vez un impulso al PIB, el consumo y la inversión, estos efectos nunca son suficientemente poderosos como para impedir una pérdida de ingresos fiscales. Por lo tanto, los recortes tributarios tendrían que financiarse ya sea aumentando la deuda pública, bajando el gasto o bien recaudando ingresos a través de otros impuestos. Dado que nuestro objetivo es obtener mejores resultados distributivos preservando al mismo tiempo la posibilidad de lograr cierto aumento moderado del crecimiento, nos centramos en el traspaso de los impuestos sobre la renta de las personas físicas a los impuestos sobre el consumo como medio de financiar el recorte, combinado con una ampliación del crédito impositivo por ingreso del trabajo para proteger a los pobres.

- Los recortes tributarios son equivalentes al beneficio sustancial de los pueblos: observamos que la reducción del impuesto sobre la renta de las personas físicas puede beneficiar a los grupos de menores ingresos, aun cuando aquellos que ocupan la posición más baja en la escala de ingresos no reciban directamente tal recorte. Nuestro modelo económico predice que cuando los recortes tributarios están dirigidos a grupos de ingresos medios (o altos), estos grupos gastarán parte de sus ahorros impositivos en servicios (no transables), que comúnmente son provistos por personas de ingresos más bajos. Los grupos más ricos, en promedio, dedican una mayor proporción de su gasto de consumo a los servicios. Por consiguiente, cuando las personas más adineradas pagan menos impuestos, su gasto en servicios aumenta, elevando así la demanda y los salarios de la mano de obra de baja calificación.

- La reducción de los impuestos permite disminuir la disparidad del ingreso: el análisis del FMI revela una disyuntiva fundamental entre crecimiento y desigualdad del ingreso, según quién reciba el recorte impositivo. En nuestras simulaciones, si bien las reducciones de impuestos en favor de los grupos de ingresos más altos pueden resultar más beneficiosas para el PIB al incrementar la inversión y la oferta laboral, también exacerban la polarización y la desigualdad del ingreso, variables que ya se encuentran en sus máximos históricos. Aun cuando se tenga en cuenta que los ricos podrían consumir más bienes y servicios producidos por personas situadas en el tramo inferior de la distribución del ingreso, y aun si se contempla un aumento del crédito fiscal por ingresos laborales para proteger a los pobres, la brecha de ingresos de todos modos se ampliaría sustancialmente si se redujeran los impuestos para los grupos de mayor nivel de ingreso. Por otro lado, un recorte impositivo orientado a los grupos de medianos ingresos permitiría reducir la disparidad y polarización del ingreso, pero su aporte al crecimiento podría ser menor.

Capítulo: 8 ¿Cómo planificar la declaración de la renta con tiempo para obtener posibles reducciones a la hora de pagar impuestos?

Todos sabemos que pasa una vez al año cuando la mayoría de la población en todas partes del mundo se prepara en hacer sus balances para estar con las botas puestas al momento de efectuar el pago de sus impuestos, la incertidumbre y el corre-corre buscando el último estado de cuenta nos da una ansiedad innecesaria interminable pero si planeáramos con anticipación podríamos ahorrarnos ese malestar.

Por eso, es mejor empezar a planificar tus impuestos con las siguientes sugerencias, las cuales van a beneficiar de manera sustancia en la reducción del pago de tu impuesto sobre la renta o ISR:

- Empecemos con una de las posibles reducciones de impuesto; ¿trabajas desde la casa? Aunque no lo hagas todo el tiempo, es posible el deducir parte de los gastos de tu hogar, es decir el aliviar los costos del pago de un arrendamiento o inmueble extra para realizar tu trabajo también reduce los impuestos por servicio o algún otro impuesto requerido para uso comercial o mercantil.

- Otra reducción de la cual a veces nos olvidamos, es el costo del transporte y viajes. Si vas a deducir gastos de entretenimiento, acuérdate de guardar el recibo y escribir exactamente los nombres y la razón.

- Seguimos con créditos, si usaste crédito para financiar algo de tu negocio, los intereses que pagaste son completamente deducibles. Si remplazaste una computadora o algún equipo que ya no uses, acuérdate de donarlo a una organización de caridad y obtener una deducción.

- Y si tienes la suerte de tener un hijo(a) emprendedor(a) empléalos y les podrás pagar una cantidad considerable que puede ir de 5% al 10% libre de impuestos. Aprovecha y convéncelos de invertir sus ganancias en una cuenta Roth IRA, donde crecerá libre de impuestos y la podrán liquidar a los 59 1/12 sin ninguna penalidad ni impuesto. Acuérdate que si tienes una corporación, podrás ahorrar impuestos solo parcialmente.

- ¿Prefieres darle tu dinero al gobierno o a tu retiro? Invierte en tu retiro y el de tus empleados. La mayoría de los planes de retiro te permiten que tu dinero crezca libre de impuestos y también tendrás la posibilidad de deducir el monto de las ganancias de tu negocio. Para esto podrás contribuir, por ejemplo, si tienes más de 50 años, o al emplear personas con alguna discapacidad funcional. Hay otro tipo de planes de retiro en los cuales podrás contribuir. También, considera los planes en los que puedes contribuir libre de impuesto para tu salud.

Si está pensando cambiar de entidad, considera una corporación como una organización no gubernamental o fundación y así podrás ahorrar en impuestos de salario. En algunos países la cifras sobre eso tendrán un impuesto de hasta un 2.9%. Con una organización no gubernamental o fundación los incrementos podrán ser ahorrados.

- Si tu solo no puedes hacer tu planificación anual de tu pago de impuesto sobre la renta o ISR, consigue ayuda. Ya sea comprando un programa avanzado de impuestos, contratando un contador o usando a un practicante de universidad, cualquiera sea tu estrategia, es mejor que tengas a alguien para organizar tus gastos y tu contabilidad. Debes garantizar la confiabilidad del medio a ser empleado. Sabiendo tus gastos con certeza podrás deducir más ya que tendrás los documentos necesarios para justificar los descuentos, como millaje por viajes, uso de celulares, etc.

CONCLUSIÓN:

o Los impuestos son la forma que tiene el Estado para recabar tributos y obtener la mayoría de los ingresos públicos.

o Debemos tener en cuenta que los tributos se dividen en impuestos, tasas y contribuciones especiales.

o Con los impuestos, el Estado es capaz de tener los recursos suficientes para llevar a cabo actuaciones como las infraestructuras, administración o, incluso, la prestación de servicios, entre otros.

o Estos tributos o impuestos son pagados por las personas, familias o empresas al Estado, y ayudan a cubrir las necesidades colectivas de la comunidad, por lo que afectan a toda la población en general.

o -ara poder definir qué son los impuestos, es necesario entender que no todos los impuestos son iguales, ya que la cantidad que se debe pagar en tributos varía dependiendo de cuántos ingresos perciban y cuántos bienes posean las personas o empresas que deben cancelarlo.

o Las reducciones de impuestos son medidas especiales aplicadas por los Estados o el congreso de cada nación con el objetivo de ampliar la participación de los ciudadanos a la hora de contribuir con las mejoras y los gastos públicos de la nación.

o Las reducciones al momento de pagar tu impuesto sobre la renta o ISR te van a beneficiar en la medida que logres planificar de manera oportuna y apropiada teniendo al día tus recibos y estados de cuentas.

Por último, una planificación a tiempo optimizará la distribución de tu ingreso permitiendo así optar a la reducción de algunos de los pagos a tus impuestos tomando las previsiones adecuadas como el empleo de espacios en el hogar.

Estrategias de Impuestos: Volumen 2

Cómo Ser Más Inteligente Que El Sistema Y La IRS Cómo Un Inversionista En Bienes Raíces Al Incrementar Tu Ingreso Y Reduciendo Tus Impuestos Al Invertir Inteligentemente

Por

Income Mastery

INTRODUCCIÓN

Los Bienes Raíces son parte de un pilar económico muy fundamental y por tanto siempre será una inversión la cual muchas personas pueden necesitar, sea la razón que fuere. Los Bienes Raíces son una excelente forma de financiamiento pasivo, significa con esto que se pueden generar más subcontrataciones, si no todo, al menos una parte del trabajo necesario para administrar algunas de estas inversiones.

Antes de todo, debe reflexionar e imaginarse como un agente inmobiliario e inversionista que está apuntando hacia el éxito de manera continua y buscando siempre mejorar e innovar de forma que su mayor trabajo siempre estará centrado en asesorar a sus clientes y propender porque ellos tomen una decisión ajustada a sus necesidades y posibilidades.

Los Bienes Raíces comprenden no solo a los terrenos o suelos cuyas partes están divididas bien sea en parcelas o lotes también la integran las propiedades física o aquellas mejoras que se colocan en dichas propiedades, si bien podemos mencionar algunas de esas mejoras como pozos, jardines, ampliaciones en el área de la propiedad, y otras que vayan acorde al tipo de bien. Todos estos elementos se unen al suelo de manera inseparable y obviamente tienen sus aspectos legales que la mantienen sujeta como tal a dichas leyes que deberán conocer cada inversionista y propietario.

Tanto las edificaciones (casas, apartamentos, centros comerciales, condominios, fábricas, granjas y muchos más) como los terrenos (lotes, parcelas, etc.) se consideran bienes raíces los cuales podremos clasificar en los siguientes grupos:

- o Comerciales: Todas las edificaciones de tipo oficinas, almacenes, edificios comerciales donde albergan tiendas mayoristas y minoristas, es decir, todas aquellas que siguen como fin establecerse como áreas comerciales en la superficie donde se posicionan.

- o Residenciales: Como su nombre lo indica se refieren a todas las propiedades que están destinadas a servir de viviendas habitacionales, como son los complejos de viviendas (son áreas de mayor integración para una población ya determinada), los condominios, casas, y también terrenos sin desarrollar pero destinados a servir para ese mismo fin.

- o Industriales: En las propiedades de esta clase podemos encontrar granjas, minas, fábricas de cualquier rubro, la diferencia de estas con el resto, aparte de su función, es la gran extensión de terrenos que puede abarcar. Tome esto en cuenta a la hora de presentar su proyecto de inversión de bienes raíces.

Antes de continuar describiendo las clasificaciones en los bienes raíces, será necesario hacer un poco de análisis resumido acerca de las generalidades de una empresa, tomando en cuenta principios teóricos que luego podrá poner en práctica con tan solo definir la misión y visión de su proyecto.

GENERALIDADES SOBRE LA EMPRESA

La empresa se define como "una compañía formada y registrada bajo régimen de Leyes de propiedad y beneficio o una compañía existente". Esta definición no revela las características distintivas de una empresa. Según el presidente del Tribunal Supremo Marshall de EE. UU., "Una empresa es una persona, artificial, invisible, intangible y que existe únicamente en la contemplación de la ley. Siendo una mera criatura de la ley, posee solo aquellas propiedades que el carácter de su creación le confiere ya sea expresamente o como algo incidental a su propia existencia".

La empresa considerada como una célula social, posee unas características que la definen propiamente y su relación con la región que la soporta y sostiene le permite tener una clasificación diversa y en función de sus objetivos. Como ya se sabe, la empresa es una unidad económica la cual establece intercambios de bienes y servicios para satisfacer necesidades a la colectividad y posee un fin lucrativo que beneficia a todas las partes que la conforman. Una empresa se caracteriza principalmente por la existencia de un patrimonio, tiene recursos propios que le permiten llevar a cabo sus actividades, puede producir bienes y destinarlos al mercado para su consumo. También las empresas se relacionan con la sociedad y el Estado para ayudar a sobresalir en los objetivos comunes que permitan desarrollar a cada miembro de la sociedad y con el

Estado de acuerdo a las regulaciones a las que se somete la empresa para cumplir con todos los requisitos de funcionamiento y poder permanecer en el tiempo.

Las empresas también poseen un alto grado de organización que les permite funcionar de manera sistemática y ordenada para que los objetivos se puedan lograr sin problema.

Entre el tipo de empresas más comunes están las empresas públicas que son creadas e impulsadas por las políticas de un gobierno para prestar servicios o bienes cuyo destino sean de uso público. Las principales características de las empresas públicas son su régimen legal en las cuales se rigen por leyes de función pública, cuyos actos son normados y reglamentados por la Ley que les compete. El control dentro de las empresas públicas es fiscal y social por medio de contralorías, procuradurías e incluso la sociedad en general a través de formularios que son revisados periódicamente por los entes reguladores.

Los empleados en las empresas públicas son seleccionados y cumplen su función laboral de acuerdo a una serie de estatutos cuya vinculación se hace por nombramientos y por tanto se establece un contrato de adhesión de ser posible su contratación.

En cambio, las empresas privadas cuyo último fin es el de lucrarse, por medio de servicios o bienes, buscan consolidarse en una inversión de capitales de acuerdo al objetivo de producción propuesto. Una empresa privada puede transformarse con el tiempo en una empresa pública si el gobierno decide nacionalizarla y a través de ciertos convenios podrían proceder a establecer regulaciones para sus beneficios económicos.

En general, ambos tipos de empresas generan una serie de empleos tanto directos como indirectos. Otra clasificación muy común es mediante el tamaño de las mismas: es decir pueden ser Grande, Mediana y Pequeña. Las Grandes empresas están dotadas de gran capacidad tecnológica, poseen un potencial humano muy efectivo y una mayor cantidad de capital invertido, también requieren de mayor rigurosidad, un estricto y cabal cumplimiento de las actividades de organización, planeación, ejecución y control, para poder alcanzar de ese modo los objetivos que se proponga lograr en un período determinado.

La Mediana empresa requiere de una capacidad tecnológica suficiente para mantener un capital humano calificado y estabilizar su inversión de acuerdo a las actividades que realiza.

A partir de las definiciones anteriores, se puede concluir que una compañía es una asociación registrada que es una persona jurídica artificial, que tiene una entidad legal independiente, con una sucesión perpetua, un sello común para sus firmas, un capital común compuesto por acciones transferibles y con una capacidad de responsabilidad limitada.

CARACTERÍSTICAS DE UNA EMPRESA

Las principales características de una empresa son:

1. Asociación incorporada. Una compañía se crea cuando está registrada bajo la Ley de Compañías. Nace a partir de la fecha mencionada en el certificado de incorporación. Cabe señalar a este respecto que la Sección 11 establece que una asociación de más de diez personas que realizan negocios en la banca o una asociación o más de veinte personas que realizan cualquier otro tipo de negocio debe estar registrada en virtud de la Ley de Sociedades y se considera ser una asociación ilegal, si no está registrada.

Para formar una empresa pública se requieren al menos siete personas y para una empresa privada al menos dos personas. Estas personas suscribirán sus nombres al Memorando de asociación y también cumplirán con otros requisitos legales de la Ley con respecto al registro para formar e incorporar una empresa, con o sin responsabilidad limitada.

2. Persona jurídica artificial. Una empresa es una persona artificial. Negativamente hablando, no es una persona natural. Existe a los ojos de la ley y no puede actuar por sí solo. Tiene que actuar a través de una junta directiva elegida por los accionistas. Bates V Standard Land Co. señaló

con razón que: "El consejo de administración son los cerebros y los únicos cerebros de la compañía, que es el cuerpo y la compañía puede y actúa solo a través de ellos".

Pero para muchos propósitos, una empresa es una persona jurídica como una persona física. Tiene derecho a adquirir y disponer de la propiedad, a celebrar contratos con terceros en su propio nombre, y puede demandar y ser demandado en su propio nombre.

Sin embargo, no es un ciudadano, ya que no puede disfrutar de los derechos establecidos en la Constitución o la Ley de ciudadanía y por tanto las disposiciones de la Constitución ni la Ley de Ciudadanía se aplican a ella. Cabe señalar que aunque una empresa no posee derechos fundamentales, es una persona a los ojos de la ley. Puede celebrar contratos con sus Directores, sus miembros y personas externas.

3. Entidad legal separada: una empresa tiene una entidad legal distinta y es independiente de sus miembros. Los acreedores de la empresa solo pueden recuperar su dinero de la empresa y de los bienes de la empresa. No pueden demandar a miembros individuales. Del mismo modo, la empresa no es responsable de ninguna manera de las deudas individuales de sus miembros. La propiedad de la empresa se utilizará en beneficio de la empresa y tampoco el beneficio personal de los accionistas. Por los mismos motivos, un

miembro no puede reclamar ningún derecho de propiedad sobre los activos de la empresa, ya sea individual o conjuntamente durante la existencia de la empresa o en su liquidación. Al mismo tiempo, los miembros de la empresa pueden celebrar contratos con la empresa de la misma manera que cualquier otro individuo. La entidad legal separada de la empresa también está reconocida por la Ley del Impuesto sobre la Renta. Cuando una empresa está obligada a pagar el impuesto sobre la renta sobre sus ganancias y cuando estas ganancias se distribuyen a los accionistas en forma de dividendo, los accionistas deben pagar el impuesto sobre la renta sobre su dividendo de ingresos. Esto prueba que una compañía y sus accionistas son dos entidades separadas.

4. Existencia perpetua. Una empresa es una forma estable de organización empresarial. Su vida no depende de la muerte, insolvencia o retiro de ninguno o todos los accionistas o directores. La ley lo crea y solo la ley puede disolverlo. Los miembros pueden ir y venir, pero la empresa puede continuar para siempre. "Durante la guerra, todos los miembros de una empresa privada, mientras estaban en una reunión general, fueron asesinados por una bomba. Pero la compañía sobrevivió; ni siquiera una bomba de hidrógeno podría haberla destruido". La compañía puede compararse con un río que fluye

donde el agua sigue cambiando continuamente, pero la identidad del río sigue siendo la misma. Por lo tanto, una empresa tiene una existencia perpetua, independientemente de los cambios en su membresía.

5. Sello común. Como se señaló anteriormente, una empresa que es una persona artificial no tiene un cuerpo similar a la persona física y, como tal, no puede firmar documentos por sí misma. Actúa a través de personas físicas que se llaman sus directores. Pero al tener personalidad jurídica, solo puede estar obligado por aquellos documentos que lleven su firma. Por lo tanto, la ley ha previsto el uso del sello común, con el nombre de la empresa grabado en él, como sustituto de su firma. Cualquier documento que lleve el sello común de la compañía será legalmente vinculante para la compañía. Una compañía puede tener sus propias regulaciones en sus Artículos de Asociación para la forma de colocar el sello común en un documento.

6. Responsabilidad limitada: una compañía puede ser una compañía limitada por acciones o una compañía limitada por garantía. En una compañía limitada por acciones, la responsabilidad de los miembros se limita al valor impago de las acciones. Por ejemplo, si el valor nominal de una acción en una empresa es de 10 dólares y un miembro ya ha pagado $7 por acción, puede ser llamado a pagar no más de $3

por acción durante la vida útil de la empresa. En una compañía limitada por garantía, la responsabilidad de los miembros se limita a la cantidad que el miembro pueda comprometerse a contribuir a los activos de la compañía en caso de que se liquide.

7. Acciones transferibles. En una empresa pública, las acciones son libremente transferibles. El derecho a transferir acciones es un derecho legal y no puede ser eliminado por una disposición en los artículos. Sin embargo, los artículos prescribirán la forma en que se realizará dicha transferencia de acciones y también puede contener restricciones de buena fe y razonables sobre el derecho de los miembros a transferir sus acciones. Pero las restricciones absolutas sobre los derechos de los miembros para transferir sus acciones serán ultra vires. Sin embargo, en el caso de una compañía privada, los artículos restringirán el derecho del miembro a transferir sus acciones en compañías con su definición legal.

Para que el derecho a transferir acciones sea más efectivo, el accionista puede solicitar al Gobierno Central en caso de que la empresa se niegue a registrar una transferencia de acciones.

8. Propiedad separada: como una empresa es una persona jurídica distinta de sus miembros, es capaz de poseer, disfrutar y disponer de la

propiedad en su propio nombre. Aunque su capital y sus activos son aportados por sus accionistas, no son propietarios privados o conjuntos de su propiedad. La empresa es la persona real en la que se confieren todos sus bienes y se controla, gestiona y enajena.

9. Gestión delegada: una sociedad anónima es una organización autónoma. Dado que tiene un gran número de miembros, todos ellos no pueden participar en la gestión de los asuntos de la empresa. El control y la gestión reales son, por lo tanto, delegados por los accionistas a sus representantes elegidos, conocidos como directores. Cuidan el trabajo diario de la empresa. Además, dado que los accionistas, por mayoría de votos, deciden la política general de la empresa, la gestión de la empresa se lleva a cabo en líneas democráticas. La decisión mayoritaria y la gestión centralizada obligan a la unidad de acción.

TIPOS DE EMPRESA

La sociedad anónima puede ser de varios tipos. Los siguientes son los tipos importantes de empresa:

1. Clasificación de empresas por modo de constitución

Dependiendo del modo de incorporación, existen tres clases de sociedades anónimas.

A. Empresas autorizadas. Estas son incorporadas bajo una carta especial por un monarca. The East India Company y The Bank of England son ejemplos de colegios constituidos en Inglaterra. Los poderes y la naturaleza de los negocios de una empresa autorizada están definidos por el estatuto que la incorpora. Una empresa autorizada tiene amplios poderes. Puede ocuparse de su propiedad y vincularse a cualquier contrato que pueda hacer cualquier persona común. En caso de que la empresa se desvíe de su negocio según lo prescrito en la tabla, el Soberano puede anular a este último y cerrar la empresa.

B. Empresas estatutarias. Estas empresas se incorporan mediante una Ley especial aprobada por la legislatura central o estatal. Reserve Bank of India, Industrial Finance Corporation, Unit Trust of India, State Trading Corporation y Life Insurance Corporation son algunos de los ejemplos de compañías legales. Dichas empresas no tienen ningún memorando o estatutos. Derivan sus poderes de las leyes que los constituyen y disfrutan de ciertos poderes que tienen las compañías constituidas bajo la Ley de Compañías. Las modificaciones legislativas pueden provocar alteraciones en los poderes de tales empresas.

Las disposiciones de la Ley de Sociedades se aplicarán a estas empresas también, excepto en la medida en que las disposiciones de la Ley sean incompatibles con las de dichas leyes especiales.

Estas empresas generalmente se forman para satisfacer las necesidades sociales y no para obtener ganancias.

C. Empresas registradas o constituidas. Estas se forman en virtud de la Ley de Sociedades de 1956 o de la Ley de Sociedades aprobada anteriormente. Dichas empresas solo existen cuando están registradas bajo la Ley y el Registrador de Empresas ha emitido un certificado de incorporación. Esto es el modo más popular de incorporar una empresa. Las compañías registradas pueden dividirse además en tres categorías:

1. Empresas limitadas por acciones: este tipo de empresas tienen un capital social y la responsabilidad de cada miembro o la empresa está limitada por el Memorándum

en la medida del valor nominal de las acciones suscritas por él. En otras palabras, durante la existencia de la empresa o en caso de liquidación, se puede solicitar a un miembro que pague el monto restante impago de las acciones suscritas por él. Dicha compañía se llama compañía limitada por acciones. Una empresa limitada por acciones puede ser una empresa pública o una empresa privada. Estos son los tipos de empresas más populares.

2. Empresas limitadas por garantía: este tipo de empresas pueden o no tener un capital social. Cada miembro se compromete a pagar una suma fija de dinero especificada en el Memorándum en caso de liquidación de la compañía para el pago de las deudas y obligaciones de la compañía. Esta cantidad prometida por él se llama 'Garantizar'. Los Estatutos de la empresa establecen el número de miembros con los que la empresa debe registrarse. Dicha compañía se llama compañía limitada por garantía. Dichas empresas dependen para su existencia de las tarifas de entrada y suscripción. Pueden o no tener un capital social. La responsabilidad del miembro se limita a la extensión de la garantía y el valor nominal de las acciones suscritas por ellos, si la compañía tiene un capital social puede

ser una empresa pública o una empresa privada.

El monto de la garantía de cada miembro está en la naturaleza del capital de reserva. No se puede recurrir a esta cantidad, excepto en caso de liquidación de una empresa.

Las compañías comerciales o sin fines de lucro formadas para promover la cultura, el arte, la ciencia, la religión, el comercio, la caridad, los deportes, etc. generalmente se forman como compañías limitadas por garantía.

3. Compañías ilimitadas: Una compañía que no tiene ningún límite en la responsabilidad de sus miembros se llama una "compañía ilimitada". Una compañía ilimitada puede o no tener un capital social. Si tiene un capital social, puede ser una empresa pública o una empresa privada. Si la compañía tiene un capital social, el artículo deberá indicar la cantidad de capital social con el cual la compañía debe registrarse.

Los artículos de una compañía ilimitada deben indicar el número de miembros con los cuales la compañía debe registrarse.

Clasificación de la Empresa Sobre la base del número de miembros

En función del número de miembros, una empresa puede ser: (1) Empresa privada y (2) Empresa pública.

A. Empresa privada

Una compañía privada es aquella compañía que por sus estatutos:

- ○ Limita el número de sus miembros a cincuenta, excluyendo empleados que son miembros o ex empleados que fueron y continúan siendo miembros.

- ○ Restringe el derecho de transferencia de acciones, si corresponde.

- ○ Prohíbe cualquier invitación al público a suscribirse para cualquier acción u obligación de la compañía.

Cuando dos o más personas tienen una participación conjunta, son tratadas como un solo miembro. De acuerdo con la Sección 12 de la Ley de Sociedades, el número mínimo de miembros para formar una empresa privada es dos. Una empresa privada debe usar la palabra "Pvt" después de su nombre.

Características de una empresa privada

Las características principales de un privado de una empresa privada son las siguientes:

A. Empresa Privada.

Una empresa privada restringe el derecho de transferencia de sus acciones. Las acciones de una empresa privada no son tan libremente transferibles como las de las empresas públicas. Los artículos generalmente establecen que siempre que un accionista de una empresa privada quiera transferir sus acciones, primero debe ofrecerlas a los miembros existentes de la empresa. El precio de las acciones lo determinan los directores. Se hace para preservar la naturaleza familiar de los accionistas de la compañía.

- o Limita el número de sus miembros a cincuenta, excluyendo a los miembros que son empleados o ex empleados que fueron y continúan siendo miembros. Cuando dos o más personas tienen participación conjunta, son tratadas como un solo miembro. El número mínimo de miembros para formar una empresa privada es dos.

- o Una empresa privada no puede invitar al público a suscribirse por su capital o acciones de obligaciones. Tiene que hacer su propio arreglo privado.

B. Empresa pública

Si explicamos la definición de la Ley de Empresas de 1956 con respecto a la empresa pública, observamos lo siguiente:

o Los artículos no restringen la transferencia de acciones de la empresa.

o No impone restricciones sobre el número máximo de miembros de la empresa.

o Invita al público en general a comprar las acciones y obligaciones de las empresas.

Diferencias entre una empresa pública y una empresa privada.

1. Número mínimo: el número mínimo de personas requeridas para formar una empresa pública es 7. Es 2 en el caso de una empresa privada.

2. Número máximo: no hay restricciones sobre el número máximo de miembros en una empresa pública, mientras que el número máximo no puede superar los 50 en una empresa privada.

3. Número de directores. Una empresa pública debe tener al menos 3 directores, mientras que una empresa privada debe tener al menos 2 directores.

4. Restricción en el nombramiento de directores. En el caso de una empresa pública, los directores deben presentar al Registro un consentimiento para actuar como directores o firmar un

compromiso para sus acciones de calificación. Los directores o una empresa privada no necesitan hacerlo.

5. Restricción a la invitación a suscribirse para acciones. Una empresa pública invita al público en general a suscribirse a las acciones u obligaciones de la empresa. Una compañía privada por sus artículos prohíbe la invitación al público a suscribirse para sus acciones.

6. Nombre de la empresa: en una empresa privada, las palabras "Private Limited" se agregarán al final de su nombre.

7. Suscripción pública: una empresa privada no puede invitar al público a comprar sus acciones u obligaciones. Una empresa pública puede hacerlo.

8. Emisión de prospecto: a diferencia de una compañía pública, no se espera que una compañía privada emita un prospecto o presente una declaración en lugar de un prospecto ante el Registrador antes de asignar acciones.

9. Transferibilidad de acciones. En una empresa pública, las acciones son libremente transferibles. En una empresa privada, el derecho a transferir acciones está restringido por los artículos.

10. Privilegios especiales. Una empresa privada disfruta de algunos privilegios especiales. Una empresa pública no goza de tales privilegios.

11. Quórum. Si los artículos de una empresa no prevén un quórum mayor de 5 miembros personalmente presentes, en el caso de una empresa pública son quórum para una reunión de la empresa. Es 2 en el caso de una empresa privada.

12. Retribución gerencial. La remuneración gerencial total en una empresa pública no puede exceder el 11 por ciento de las ganancias netas. No se aplica dicha restricción a una empresa privada.

13. Inicio de negocios. Una empresa privada puede comenzar su negocio inmediatamente después de obtener un certificado de incorporación. Una empresa pública no puede comenzar su negocio hasta que se le otorgue un "Certificado de inicio de negocios".

Privilegios especiales de una empresa privada.

A diferencia de una empresa privada, una empresa pública está sujeta a una serie de regulaciones y restricciones según los requisitos de la Ley de Sociedades de 1956. Se hace para salvaguardar los intereses de los inversores / accionistas de la empresa pública. Estos privilegios se pueden estudiar de la siguiente manera:

A. Privilegios especiales de todas las empresas. Los siguientes privilegios están disponibles para todas las empresas privadas, incluida una empresa privada que es subsidiaria de una empresa pública o que se considera una empresa pública:

1. Se puede formar una compañía privada con solo dos personas como miembro.

2. Puede comenzar la asignación de acciones incluso antes de que se suscriba o pague la suscripción mínima.

3. No es obligatorio emitir un prospecto al público de declaración de archivo en lugar de un prospecto.

4. Las restricciones impuestas a las empresas públicas con respecto a la emisión adicional de capital no se aplican a las empresas privadas.

5. Las disposiciones de las Secciones 114 y 115 relativas a los warrants de acciones no le serán de aplicación.

6. No necesita mantener un índice de miembros.

7. Puede comenzar su negocio después de obtener un certificado de incorporación. No se requiere certificado de inicio de negocios.

8. No necesita celebrar una reunión legal o presentar un informe legal.

9. A menos que los artículos prevean un número mayor, solo dos personas personalmente presentes formarán el quórum en el caso de una empresa privada, mientras que al menos cinco

miembros presentes personalmente formarán el quórum en el caso de una empresa pública.

10. No se requiere que un director presente su consentimiento para actuar como tal ante el Registrador. Del mismo modo, las disposiciones de la Ley sobre el compromiso de adquirir acciones de calificación y pagarlas no son aplicables a los directores de una empresa privada.

11. Las disposiciones de la Sección 284 con respecto a la remoción de directores por la compañía en la junta general no se aplicarán a un director de vida designado por una compañía privada el 1 de abril de 1952 o antes.

12. En el caso de una empresa privada, un miembro puede solicitar la encuesta si no hay más de siete miembros presentes, y dos miembros si no hay más de siete miembros presentes. En el caso de una empresa pública, la encuesta puede ser solicitada por personas que tengan no menos de una décima parte del poder de voto total con respecto a la resolución o que posean acciones en las que se haya pagado una suma total de no menos de cincuenta mil rupias.

13. No necesita tener más de dos directores, mientras que una empresa pública debe tener al menos tres directores.

B. Privilegios disponibles para una empresa privada independiente (es decir, una que no es subsidiaria de una empresa pública)

Una empresa privada independiente es aquella que no es subsidiaria de una empresa pública. Los siguientes privilegios y exenciones especiales están disponibles para una empresa privada independiente.

1. Puede brindar asistencia financiera para la compra o suscripción de acciones de la propia empresa.

2. No necesita, como una empresa pública, ofrecer derechos compartidos a los accionistas de la empresa.

3. Las disposiciones de las sec. 85 a 90 en cuanto a tipos de capital social, nuevas emisiones de capital social, votación, emisión de acciones con derechos desproporcionados y terminación de derechos desproporcionadamente excesivos, no se aplican a una empresa privada independiente.

4. Una transferencia o transferencia de acciones en una compañía privada independiente no tiene derecho de apelar ante el Gobierno Central contra la negativa de la compañía a registrar una transferencia de sus acciones.

5. Las secciones 171 a 186 relativas a la junta general no son aplicables a una empresa privada independiente si establece sus propias disposiciones en los artículos. Algunas

disposiciones de estas secciones son, sin embargo, expresamente aplicables.

6. Muchas disposiciones relativas a los directores de una empresa pública no son aplicables a una empresa privada independiente.

a) No necesita tener más de 2 directores.

b) Las disposiciones relativas al nombramiento, jubilación, reelección, etc. de los directores que se jubilarán por rotación y el procedimiento correspondiente, no son aplicables.

c) Las disposiciones que requieren la notificación con 14 días de anticipación por parte de los nuevos candidatos que buscan ser elegidos como directores, así como las disposiciones que requieren la sanción del Gobierno Central por aumentar el número de directores mediante la modificación de los Artículos o de otro modo más allá del máximo establecido en los Artículos, aplicable a ella.

d) Las disposiciones relativas a la forma de llenar vacantes ocasionales entre directores y la duración del período de mandato de los directores y los requisitos para que el nombramiento de directores se vote de forma individual y que se presente el consentimiento de cada candidato a la dirección con el Registrador, no lo solicite.

e) Las disposiciones que requieren la tenencia de una calificación de acciones por parte de los directores y que fijan el tiempo dentro del cual dicha calificación debe ser adquirida y la presentación ante el Registrador de una declaración de calificación de acciones por cada director tampoco le son aplicables.

f) Puede, por sus artículos, proporcionar descalificaciones especiales para el nombramiento de directores.

g) Puede proporcionar motivos especiales para las vacaciones de un director.

h) Sec. 295 prohibir préstamos a directores no se aplica a ella.

i) Un director interesado puede participar o votar en los procedimientos de la Junta relacionados con su interés en cualquier contrato de acuerdo.

7. Las restricciones en cuanto al número de compañías de las cuales una persona puede ser nombrada director gerente y la prohibición de tal nombramiento por más de 5 años a la vez, no se aplican a ella.

8. Las disposiciones que prohíben la suscripción o compra de acciones u obligaciones de otras compañías en el mismo grupo no le son aplicables.

9. Las disposiciones de la Sección 409 que confieren poder al Gobierno Central para presentar un cambio en la Junta Directiva de una compañía donde, en opinión del Gobierno Central, dicho cambio será perjudicial para los intereses de la compañía, no se aplican a él.

Cuando una empresa privada se convierte en una empresa pública...

Una empresa privada se convertirá en una empresa pública en los siguientes casos:

1. Por defecto: cuando no cumpla con los requisitos esenciales de una compañía privada provistos bajo la Sección 3. El incumplimiento de las tres disposiciones mencionadas le permitirá a una compañía privada disfrutar de ciertos privilegios.

2. Una empresa privada que sea subsidiaria de otra empresa pública se considerará una empresa pública.

3. Por disposiciones de la ley - Sección 43-A.

Sección 43-A

a) Cuando no menos del 25% del capital social desembolsado de una empresa privada esté en manos de uno o más organismos corporativos, dicha empresa privada deberá convertirse en una empresa pública a partir de los datos en que dicho 25% está en manos del organismo corporativo.

b) Cuando el volumen de negocios anual promedio de una empresa privada no sea inferior a Rs. 10 millones de rupias durante el período relevante, dicha empresa privada se convertirá en una empresa pública después de la expiración del período de tres meses a partir del último día del período relevante cuando las cuentas muestran dicho volumen de negocios anual promedio.

c) Cuando una empresa privada posee no menos del 25% del capital social desembolsado de una empresa pública, la empresa privada se convertirá en una empresa pública a partir de la fecha en que la empresa privada posea dicho 25%.

d) Cuando una empresa privada acepta, después de que se hace una invitación mediante un anuncio de recibir depósitos del público que no sean sus miembros, directores o sus familiares, dicha empresa privada se convertirá en una empresa pública.

4. Por conversión: cuando la empresa privada se convierte en una empresa pública modificando sus artículos de tal manera que ya no incluyen los requisitos esenciales de una empresa privada en virtud de la Sección 3. En los datos de tales alternancias, dejará de ser una empresa privada. Deberá cumplir con el procedimiento de convertirse en una empresa pública.

Los Estatutos de una empresa pública de este tipo pueden seguir teniendo las tres restricciones y pueden seguir teniendo dos directores y menos de siete miembros.

Dentro de los 3 meses de tal conversión, el Registrador de Compañías estará intimado. El Registrador eliminará la palabra "Privado" antes de las palabras "Limitado" en el nombre de la empresa y también hará las alteraciones necesarias en el certificado de incorporación.

Sobre la base del control, una empresa puede clasificarse en:

1. Holding empresarial

2. Compañía subsidiaria

1. Sociedad holding. Una compañía es conocida como la compañía que posee otra compañía si tiene control sobre ella. De acuerdo con la Sección 4, una compañía se considera la compañía tenedora de otra, si y solo si, esa otra es su subsidiaria.

Una empresa puede convertirse en una sociedad de cartera de otra empresa en cualquiera de las siguientes tres formas:

a) Manteniendo más del cincuenta por ciento del valor normal del capital social emitido de la empresa.

b) Al poseer más del cincuenta por ciento de sus derechos de voto.

c) Asegurándose el derecho de nombrar, la mayoría de los directores de la otra compañía, directa o indirectamente.

La otra compañía en tal caso se conoce como una "Compañía subsidiaria". Aunque las dos compañías siguen siendo entidades legales separadas, los asuntos de ambas compañías son administrados y controlados por el holding. Una sociedad de cartera puede tener cualquier número de filiales. Se requiere de forma obligatoria que las cuentas anuales de la compañía tenedora revelen información completa sobre las empresas subsidiarias.

2. Compañía subsidiaria. Una compañía es conocida como subsidiaria de otra compañía cuando su control es ejercido por esta última (llamada compañía tenedora) sobre el ex llamado una empresa filial. Cuando una compañía (compañía S) es subsidiaria de otra compañía (digamos que la Compañía H), la anterior (Compañía S) se convierte en la subsidiaria de la compañía controladora (compañía H).

Sobre la base de la propiedad de empresas.

a) Empresas gubernamentales. Una Compañía de la cual no menos del 51% del capital desembolsado está en manos del Gobierno Central o del Gobierno del Estado o del Gobierno, de manera individual o conjunta, se le conoce como Compañía del Gobierno. Incluye una empresa subsidiaria de una empresa gubernamental. El capital social de una empresa gubernamental puede ser propiedad total o parcial del gobierno, pero no lo convertiría en el agente del gobierno. Los auditores de la compañía gubernamental son nombrados por el gobierno por consejo del Contralor y Auditor General. El Informe Anual junto con el informe del auditor se presenta ante la Cámara del Parlamento. Algunos de los ejemplos de compañías gubernamentales son: Mahanagar Telephone Corporation Ltd., National Thermal Power Corporation Ltd., State Trading Corporation Ltd. Hydroelectric Power Corporation Ltd. Bharat Heavy Electricals Ltd. Hindustan Machine Tools Ltd., entre otras.

b) Empresas no gubernamentales. Todas las demás empresas, excepto las empresas gubernamentales, las que son del gobierno, se denominan empresas no gubernamentales. No satisfacen las características de una empresa gubernamental como se indicó anteriormente.

Sobre la base de la nacionalidad de la empresa.

a) Compañías nacionales: estas compañías están registradas en el país bajo la Ley de Compañías 1956 y tienen su domicilio social en la nación. La nacionalidad de los miembros en su caso es irrelevante.

b) Compañías extranjeras: Se refiere a cualquier compañía constituida fuera del país que tenga un lugar establecido de negocios en la nación. Una empresa tiene un lugar establecido de negocios en el país si tiene un lugar específico en el que realiza negocios, como una oficina, almacén u otros locales con algunas indicaciones visibles. Los artículos 592 a 602 de la Ley de Sociedades de 1956 contienen disposiciones aplicables a las empresas extranjeras que funcionan en el país.

RESUMEN

El término empresa puede definirse como un grupo de personas asociadas entre sí para lograr un objetivo en común. Una compañía formada y registrada bajo la Ley de Compañías tiene ciertas características especiales, las cuales revelan la naturaleza de una compañía o empresa. Estas características también se denominan ventajas de una empresa porque, en comparación con otras organizaciones empresariales, de hecho, son beneficiosas para una empresa. Las empresas pueden clasificarse en cinco categorías según el modo de constitución, en función del número de miembros que posea, el control, la propiedad y la nacionalidad de la empresa.

La empresa cumple una serie de funciones económicas y sociales que se pueden concretar en:

1. Organizar los factores de producción de una economía, dentro del marco legal establecido en cada país.

2. Generar riqueza, ya que es quien crea las rentas monetarias de los individuos (salarios para los trabajadores y beneficios para los empresarios).

3. Asumir riesgos de investigación, desarrollo e innovación, con el fin de cumplir de forma eficiente las dos funciones anteriores.

Estas tres funciones, que en los sistemas económicos actuales son compartidas por el Estado mediante la iniciativa pública, se resumen en: coordinar los factores productivos para obtener bienes y servicios que satisfagan las necesidades de las personas.

PALABRAS CLAVE

Empresa: Una empresa significa un conjunto de personas asociadas entre sí para un objetivo común, que puede ser un negocio con fines de lucro o con fines benéficos.

Compañía registrada: Una compañía registrada es aquella que está formada y registrada bajo la Ley de Compañías, de 1956 o bajo cualquier Ley de Compañías anterior vigente.

Empresa pública: una empresa pública significa una empresa que no es una empresa privada ya que no cuenta con sus características. Siete o más personas pueden unirse para formar una empresa pública.

Compañía tenedora: Una compañía se considerará la compañía tenedora de otra si esa otra es su subsidiaria.

Compañía ilimitada: una compañía que no tiene ningún límite en la responsabilidad de su miembro se le llama una compañía ilimitada.

Sabemos que una compañía es una entidad legal separada que está formada y registrada bajo la Ley de Compañías. Cabe señalar que antes de que una compañía se forme realmente (es decir, se forme y se registre en virtud de la Ley de Sociedades), ciertas personas que desean formar una empresa se unen con el fin de llevar a cabo algunos negocios con el objetivo de obtener ganancias. Dichas personas tienen que decidir varias preguntas tales como ¿qué negocio deberían comenzar?, si deberían formar una nueva compañía o hacerse cargo del negocio de alguna compañía existente, si se va a iniciar una nueva compañía, si deberían comenzar una empresa privada o una pública, ¿cuál debería ser el capital de la empresa?, etc. Después de decidir sobre la formación de la empresa y las personas que desean tomar las medidas necesarias, entonces, la empresa se forma realmente. A partir de ahí, comienzan su negocio. Por lo tanto, hay varias etapas en la formación de una empresa, desde el pensamiento de iniciar un negocio hasta el inicio real de este cuando se constituye.

INCORPORACIÓN DE EMPRESAS

La empresa es una persona artificial creada siguiendo un procedimiento legal. Antes de formar una empresa, se debe realizar una gran cantidad de trabajo preliminar. El largo proceso de formación de una empresa se puede dividir en cuatro etapas distintas:

1. Promoción

2. Incorporación o registro

3. Suscripción de capital

4. Inicio de negocios.

Sin embargo, una empresa privada puede iniciar negocios tan pronto como obtenga el certificado de incorporación. Necesita pasar por las dos primeras etapas solamente. La razón es que una empresa privada no puede invitar al público a suscribirse a su capital social. Pero una compañía pública que tiene un capital social, tiene que pasar por las cuatro etapas mencionadas anteriormente antes de poder comenzar negocios o ejercer cualquier poder de préstamo (Sección 149). Estas cuatro etapas se discuten de la siguiente manera:

1. Promoción

El término "promoción" es un término comercial y no legal. Se usa con frecuencia en los negocios. Haney define la promoción como "el proceso de organización y planificación de las finanzas de una empresa comercial bajo la forma corporativa". Gerstenberg ha definido la promoción como "el descubrimiento de oportunidades de negocios y la posterior organización de fondos, propiedad y capacidad de gestión en una empresa con el propósito de obtener beneficios a partir de ellos". En primer lugar, los promotores conciben la idea de llevar un negocio. Los promotores son personas involucradas de una u otra forma en la formación de una empresa. A continuación, los promotores realizan un estudio detallado para evaluar la viabilidad de la idea de negocio y la cantidad de recursos financieros y de otro tipo necesarios. Cuando los promotores están satisfechos con la viabilidad de la idea comercial, toman las medidas necesarias para reunir los elementos comerciales y proporcionar los fondos necesarios para iniciar la empresa comercial. La ley no requiere ninguna calificación para los promotores. Los promotores se encuentran en una posición fiduciaria hacia la empresa que se va a formar. Desde la posición fiduciaria de los promotores, se siguen los siguientes resultados importantes:

a) No se puede permitir que un promotor obtenga ganancias secretas. Si se obtienen ganancias secretas en violación de esta regla, la empresa puede, al descubrirlas, obligar al promotor a rendir cuentas y entregar dichas ganancias.

b) El promotor no tiene permitido obtener ganancias de la venta de su propiedad a la compañía a menos que se revelen todos los hechos materiales. Si él contrata para vender su propia propiedad a la compañía sin hacer una revelación completa, la empresa puede rescindir la venta o firmar el contrato y recuperar las ganancias que el promotor le proporcionó.

c) El promotor no debe hacer un uso injusto o irrazonable de su posición y debe tener cuidado de evitar cualquier cosa que parezca una influencia indebida o fraude.

Remuneración del promotor.

Un promotor no tiene derecho a obtener una compensación de la compañía por sus servicios al promocionarlo a menos que la compañía, después de su incorporación, celebre un contrato con él para este propósito. Si está permitido, la remuneración puede pagarse en efectivo o en parte en efectivo en parte en acciones y obligaciones de la empresa.

Responsabilidad del promotor.

Si un promotor no revela ninguna ganancia obtenida de una transacción de la cual la compañía es parte, entonces la compañía puede demandar al promotor y recuperar la ganancia no revelada con intereses. De lo contrario, la compañía puede dejar de lado la transacción, es decir, puede restaurar la propiedad al promotor y recuperar su dinero.

Además, la Sección 62 responsabiliza al promotor de pagar una compensación a cada persona que se suscriba por cualquier acción u obligación en la fe del prospecto por cualquier pérdida o daño sufrido debido a cualquier declaración falsa incluida en él. También proporciona ciertos motivos por los cuales un promotor puede evitar su responsabilidad. Del mismo modo, la Sección 63 establece la responsabilidad penal por incorrección en el prospecto y un promotor también puede ser responsable bajo esta sección.

Contratos del promotor.

Los contratos preliminares son contratos realizados en nombre de una empresa que aún no se ha incorporado. Los siguientes son algunos de los efectos de tales contratos:

a) La empresa, cuando surge, no está vinculada por ningún contrato realizado en su nombre antes de su constitución. Una empresa no tiene estatus antes de su constitución.

b) La empresa no puede ratificar un contrato previo a la incorporación y responsabilizar a la otra parte. Al igual que la empresa, la otra parte del contrato tampoco está vinculada por dicho contrato.

c) Los agentes de una compañía propuesta a veces pueden incurrir en responsabilidad personal bajo un contrato hecho en nombre de la compañía que aún no se ha formado.

Kelner v Bexter (1886) L.R. 2 C.P.174. Estaba a punto de formarse una empresa hotelera y los promotores firmaron un acuerdo para la compra de acciones en nombre de la empresa propuesta. La empresa nació pero, antes de pagar el precio, entró en liquidación. Los promotores fueron considerados personalmente responsables ante el demandante.

Además, un agente no puede hacer cumplir el contrato contra la otra parte. En lo que respecta a la ratificación de un contrato previo a la incorporación, una empresa no puede ratificar un contrato celebrado por los promotores en su nombre antes de su incorporación. La razón es simple, la ratificación se puede hacer solo si un agente contrata a un principal que existe y que es competente para contratar en el momento del contrato por parte del agente.

2. Incorporación

Esta es la segunda etapa de la formación de la empresa. Es el registro que da vida a una empresa. Una empresa está legalmente constituida al estar debidamente registrada en virtud de la Ley y después de la emisión del Certificado de Constitución por parte del Registrador de Empresas. Para la incorporación de una empresa, los promotores toman los siguientes pasos preparatorios:

a) Para averiguar en el Registro de empresas si el nombre con el que se presentará la nueva empresa está disponible o no. Para aprobar el nombre, se debe presentar una solicitud en la forma prescrita junto con la tarifa requerida;

b) Para obtener una carta de intención bajo la Ley de Industrias (Desarrollo y Regulación),1951, si el negocio de la compañía entra dentro del alcance de la Ley.

c) Obtener los documentos necesarios, es decir, Memorándum y Artículos de Asociación preparados e impresos.

d) Preparar contratos preliminares y un prospecto o declaración en lugar de un prospecto.

El registro de una empresa se obtiene mediante la presentación de una solicitud ante el Registro de Empresas del Estado en el que se ubicará el domicilio social de la empresa. La solicitud debe ir acompañada de los siguientes documentos:

a) Memorando de asociación debidamente sellado, debidamente firmado por los signatarios del memorando y atestiguado.

b) Artículos de asociación, si es necesario.

c) Una copia del acuerdo, si lo hay, que la empresa propone celebrar con cualquier persona para su nombramiento como director general o gerente de tiempo completo.

d) Un consentimiento por escrito de los directores para actuar en esa capacidad, si es necesario.

e) Una declaración legal que establezca que se han cumplido todos los requisitos legales de la Ley antes de la incorporación.

El Registrador examinará estos documentos. Si el Registrador considera que el documento o los documentos son satisfactorios, los registra e ingresa el nombre de la empresa en el Registro de Empresas y emite un certificado llamado certificado de incorporación (Sección 34).

El certificado de incorporación es el certificado de nacimiento de una empresa. La compañía comienza a existir a partir de la fecha mencionada en el certificado de incorporación y la fecha que aparece en él es concluyente, incluso si es incorrecta. Además, el certificado es evidencia concluyente de que se han cumplido todos los requisitos de esta Ley con respecto al registro y los asuntos precedentes y relacionados con el mismo, y que la asociación es una compañía autorizada para registrarse y estar debidamente registrada bajo este Actuar.

Una vez que se crea la empresa, no se puede deshacer, excepto recurriendo a las disposiciones de la Ley que prevén la liquidación de la empresa. El certificado de incorporación, incluso si contiene irregularidades, no puede ser cancelado.

3. Suscripción de capital

Una empresa privada puede iniciar negocios inmediatamente después de la concesión del certificado de incorporación, pero la sociedad anónima tiene que pasar por la "etapa de suscripción de capital" y el "comienzo de la etapa comercial". En la etapa de suscripción de capital, la empresa hace los arreglos necesarios para aumentar el capital de la empresa. Con el fin de garantizar la protección de los inversores, Securities and Exchange Boar (SEBI) ha emitido "directrices para la divulgación y la protección de los inversores". La compañía que realiza una emisión pública de capital social debe cumplir con estas pautas antes de hacer una oferta pública de venta de acciones y obligaciones.

Si el capital se tiene que decir a través de una oferta pública de acciones, los directores de la empresa pública primero presentarán una copia del folleto al Registrador de Empresas. En la fecha programada, el prospecto se emitirá al público. Se requiere que los inversores envíen sus solicitudes de acciones junto con el dinero de la solicitud a los banqueros de la compañía mencionados en el prospecto. Luego, los banqueros enviarán todas las solicitudes a la compañía y los directores considerarán la asignación de acciones. Si el capital suscrito es al menos igual al 90 por ciento de la emisión de capital, y se cumplen otros requisitos de una asignación válida, los directores aprueban una resolución formal de la asignación. Sin embargo, si la empresa no recibe aplicaciones que puedan cubrir la suscripción mínima dentro de los 120 días posteriores a la emisión del prospecto, no se puede realizar ninguna asignación y se reembolsará todo el dinero recibido.

Si una empresa pública con capital social decide realizar una colocación privada de acciones, entonces, en lugar de un "prospecto", tiene que presentar ante el Registrador de Sociedades una "declaración en lugar del prospecto" al menos tres días antes de que los directores procedan a aprobar la primera resolución de asignación de acciones.

El contenido de un prospecto y una declaración en lugar de un prospecto son casi igual.

4. Inicio de negocios

Una empresa privada puede comenzar sus negocios inmediatamente después de la concesión del certificado de incorporación, pero una sociedad anónima tendrá que someterse a algunos trámites más antes de que pueda comenzar un negocio. El certificado de inicio de negocios es emitido por el Registrador de Empresas, sujeto a las siguientes condiciones.

a) Las acciones pagaderas en efectivo deben haberse asignado hasta el monto de la suscripción mínima.

b) Todos los directores de la compañía le habían pagado a la compañía en efectivo y en dinero asignado a sus acciones en la misma proporción que otros.

c) Ningún dinero debería haberse convertido en reembolsable por no obtener el permiso para que las acciones u obligaciones se negocien en una bolsa de valores reconocida.

d) Una declaración debidamente verificada por uno de los directores o el secretario de que se han cumplido los requisitos anteriores que se archiva con el Registrador.

El certificado para comenzar negocios otorgado por el Registrador es una evidencia concluyente del hecho de que la compañía ha cumplido con todas las formalidades legales y tiene el derecho legal de comenzar negocios. También cabe señalar que el tribunal tiene poder para liquidar una empresa, si no puede iniciar negocios dentro de un año de su constitución.

MEMORANDO DE ASOCIACIÓN

La formación de una empresa pública implica la preparación y presentación de varios documentos esenciales. Dos de los documentos básicos son:

o   Memorando de asociación

o   Artículos de asociación

La preparación del Memorando de Asociación es el primer paso en la formación de una empresa. Es el documento principal de la empresa que define sus objetos y establece las condiciones fundamentales sobre las cuales solo se permite formar la empresa. A esto es que se le llama el estatuto de la empresa. Rige la relación de la empresa con el mundo exterior y define el alcance de sus actividades. Su propósito es permitir a los accionistas, acreedores y aquellos que tratan con la compañía saber cuál es exactamente su rango permitido de actividades. Permite a estas partes conocer el propósito, para el cual su dinero será utilizado por la compañía y la naturaleza y el alcance del riesgo que están asumiendo al realizar inversiones. El Memorando de Asociación permite a las partes que tratan con la empresa saber con certeza si la relación contractual con la que tienen la intención de entrar en la empresa está dentro de los objetivos de la empresa.

La Ley de Compañías ha dado cuatro formas de Memorando de Asociación en Lista:

1. Memorándum de una compañía limitada por acciones.

2. Memorándum de una compañía limitada por garantía y sin capital social.

3. Memorando de empresa limitada por garantía y con capital social.

4. Memorándum de una compañía ilimitada.

Se requiere que cada compañía adopte uno de estos formularios o cualquier otro formulario tan cerca de allí como las circunstancias lo admitan.

Impresión y firma del Memorándum.

El memorando de asociación de una empresa se (a) imprimirá, (b) se dividirá en párrafos numerados consecutivamente y (c) se firmará por el número prescrito de suscriptores (7 o más en el caso de una empresa pública, dos o más en el caso de empresa privada respectivamente). Cada suscriptor debe firmar por su nombre, dirección, descripción y ocupación en presencia de al menos un testigo que certificará la firma y también agregará su dirección, descripción y ocupación, si corresponde.

Contenido del memorándum

1. Cláusula de nombre

Los promotores de la empresa deben presentar una solicitud al registrador de Empresas por la disponibilidad de nombre. La compañía puede adoptar cualquier nombre si:

a. No hay otra compañía registrada con el mismo nombre o con un nombre idéntico.

b. El nombre no debe ser considerado indeseable y prohibido por el Gobierno Central (Sec. 20). Un nombre que tergiversa al público está prohibido por el gobierno bajo la Ley de Emblemas y Nombres (Prevención del uso indebido), 1950, por ejemplo, nombre y emblemas de la ONU, y la OMS, el sello oficial y Emblemas del gobierno central y los gobiernos estatales.

Cuando el nombre de la compañía se parezca mucho al nombre de la compañía ya registrada, el Tribunal puede ordenar el cambio del nombre de la compañía. Una vez que el nombre ha sido aprobado y la empresa ha sido registrada, entonces:

c. el nombre de la empresa con domicilio social se colocará en el exterior de las instalaciones comerciales.

d. si la responsabilidad de los miembros es limitada, se agregarán al nombre las palabras "Limitado" o "Privado Limitado" según sea el caso. La omisión de la palabra "Limitado" hace que el nombre sea incorrecto. Donde la palabra "Limitado "forma parte del nombre de una empresa, la omisión de esta palabra hará que el nombre sea incorrecto. Si la compañía hace un contrato sin el uso de la palabra "Limitado", los funcionarios de la compañía que hacen el contrato se considerarán personalmente responsables (Atkins & Co v Wardle, 1889).

La omisión de usar la palabra "Limitado" como parte del nombre de una empresa debe haber sido deliberada y no simplemente accidental. Tenga en cuenta el siguiente caso a este respecto: Dermatine Co. Ltd. v Ashworth, (1905) 21 T.L.R. 510. Una letra de cambio emitida en una sociedad limitada en su nombre propio fue debidamente aceptada por 2 directores de la empresa. El sello de goma con el que se imprimió la palabra de aceptación en la factura era más largo que el papel de la factura y, por lo tanto, se perdió la palabra "Limitado". Sostenido, la compañía era responsable de pagar y los directores no eran personalmente responsables.

e. el nombre y la dirección del domicilio social se mencionarán en todos los membretes, cartas comerciales, avisos y sellos comunes de la Compañía, etc. (Sec. 147)

En Osborn v The Bank of U. A. E., se sostuvo que el nombre de una empresa es el símbolo de su existencia personal. El nombre debe mencionarse correctamente. El Gobierno Central puede permitir que una compañía elimine la palabra "Limitada" de su nombre.

2. Cláusula de domicilio social

El Memorándum de Asociación debe indicar el nombre del Estado en el que se ubicará el domicilio social de la empresa. Arreglará el domicilio de la empresa. Además, cada empresa debe tener una oficina registrada desde el primer día en que comienza a operar o dentro de los 30 días posteriores a su constitución, lo que ocurra antes, a la cual se pueden dirigir todas las comunicaciones y avisos. El domicilio social de una empresa es el lugar de su residencia con el fin de entregar o abordar cualquier comunicación, notificación de cualquier notificación o proceso de un tribunal de justicia y para determinar la cuestión de la jurisdicción de los tribunales en cualquier acción contra la empresa. También es el lugar para guardar los libros legales de la empresa y todo lo concerniente a sí misma.

La notificación de la situación de la oficina registrada y cada cambio se entregará al Registrador dentro de los 30 días posteriores a la fecha de constitución de la empresa o después de la fecha del cambio. Si se establece un incumplimiento en uno de estos requisitos, la empresa y

113

todos los funcionarios de la empresa que estén en incumplimiento serán sancionados con una multa que puede extenderse a Rs. 50 por el cual continúa el valor predeterminado. Por lo cual es muy importante llevar todo al pie de la letra, bien organizado y claramente notificado.

3. Cláusula de objeto

Esta es la cláusula más importante del memorándum porque no solo muestra el objeto o los objetos para los cuales se formó la empresa, sino que también determina el alcance de los poderes que la empresa puede ejercer para lograr el objeto u objetos. Declarar los objetos de la compañía en el Memorando de Asociación no es un mero tecnicismo legal, sino una necesidad de gran importancia práctica. Es esencial que el público que compra sus acciones sepa claramente cuáles son los objetos para los cuales ellos están pagando.

En el caso de las empresas que existían inmediatamente antes del comienzo de la Ley de Sociedades (Enmienda) 1965, la cláusula del objeto simplemente tiene que indicar los objetos de la empresa. Pero en el caso de que una empresa se registre después de la modificación, la cláusula de los objetos debe establecerse por separado.

a. Objetos principales: Esta subcláusula debe indicar los objetos principales que la empresa debe perseguir en su incorporación y los objetos incidentales o auxiliares para el logro de los objetos principales.

114

b. Otros objetos: Esta subcláusula deberá indicar otros objetos que no están incluidos en la cláusula anterior.

Además, en el caso de una empresa no comercial, cuyos objetos no se limitan a un estado, la cláusula de objetos debe mencionar específicamente los Estados a cuyos territorios se extienden los objetos.

Una compañía, que tiene un objeto principal junto con varios objetos subsidiarios, no puede continuar persiguiendo los objetos subsidiarios después de que el objeto principal ha llegado a un fin.

La cláusula de objetos de una empresa le permitía actuar como banco y además invertir en tierra de valores para suscribir la emisión de valores. La compañía abandonó su negocio bancario y se limitó a la inversión y la especulación financiera. En espera, la empresa no tenía derecho a hacerlo.

Actos incidentales. Los poderes especificados en el Memorándum no deben interpretarse estrictamente. La compañía puede hacer cualquier cosa que sea bastante incidental para estos poderes. Cualquier cosa que sea incidental para el logro o la búsqueda de cualquiera de los objetos expresos de la compañía, a menos que esté expresamente prohibido, estará dentro de los poderes implícitos de la empresa.

Al redactar la cláusula de objetos de una empresa, se deben tener en cuenta los siguientes puntos:

1. Los objetos de la empresa no deben ser ilegales, ejemplo el llevar a cabo negocios de lotería.

2. Los objetos de la compañía no deben estar en contra de las disposiciones de la Ley de Sociedades, como la compra de sus propias acciones (Sec. 77), declarando dividendos fuera del capital etc.

3. Los objetos no deben estar en contra del público, como por ejemplo comerciar con un país enemigo.

4. Los objetos deben ser establecidos clara y definitivamente. Una declaración ambigua como "La empresa puede realizar cualquier trabajo que considere rentable" no tiene sentido.

5. Los objetos también deben ser bastante elaborados. Tenga en cuenta solo los objetos principales, pero también se deben indicar los objetos secundarios o incidentales.

Cuanto más estrecho sean los objetos expresados en el memorándum, menor será el riesgo del suscriptor, pero cuanto más amplios sean dichos objetos, mayor será la seguridad de quienes realizan transacciones comerciales con la empresa.

4. Cláusula de capital

En el caso de que una compañía tenga un capital social, a menos que la compañía sea una compañía ilimitada, el Memorándum también deberá indicar la cantidad de capital social con el que la compañía debe registrarse y dividirse en acciones de una cantidad fija. El capital con el que está registrada la empresa se le llama capital social autorizado o nominal. El capital nominal se divide en clases de acciones y sus valores se mencionan en la cláusula. La cantidad de capital nominal o autorizado de la empresa sería normalmente la que se requerirá para el logro de los objetos principales de la compañía. En el caso de compañías limitadas por garantía, debe mencionarse la cantidad prometida por cada miembro para que contribuyan en caso de liquidación de la compañía. Ningún suscriptor del memorando tomará menos de una acción. Cada suscriptor del Memorándum escribirá contra su nombre el número de acciones que toma.

5.   Cláusula de responsabilidad

En el caso de una compañía limitada por acciones o por garantía, el Memorando de Asociación debe tener una cláusula en el sentido de que la responsabilidad de los miembros es limitada. Implica que no se puede exigir a un accionista que pague una cantidad de tiempo superior a la parte impaga de las acciones que posee. Ya no será responsable si una vez que ha pagado el valor nominal total de la acción.

El Memorando de Asociación de una compañía limitada por garantía debe indicar además que cada miembro se compromete a contribuir a los activos de la compañía si se liquida, mientras sea miembro o dentro de un año después de que dejó de serlo, para las deudas y responsabilidades de la empresa, así como los costos y gastos de liquidación y para el ajuste de los derechos de los contribuyentes entre sí que no excedan una cantidad específica.

Cualquier modificación en el memorando de asociación que obligue a un miembro a tomar más acciones o que aumente su responsabilidad, sería nula y sin efecto.

Si una empresa realiza negocios durante más de 6 meses, mientras que el número de miembros es inferior a siete en el caso de una empresa pública, y menos de dos en el caso de una empresa privada, cada miembro consciente de este hecho, es responsable de todas las deudas contraídas por la empresa después de transcurrido el período de 6 meses.

6. Asociación o cláusula de suscripción

En esta cláusula, los suscriptores declaran que desean formarse en una compañía y aceptan tomar acciones declaradas en contra de sus nombres. Ningún suscriptor tomará menos de una acción. El memorando debe ser suscrito por al menos siete personas en el caso de una empresa pública y por al menos dos personas en el caso de una empresa privada. La firma de cada suscriptor debe ser certificada por al menos un testigo y no podrá ser ninguno de los suscriptores. Cada suscriptor y su testigo deberán agregar su dirección, descripción y ocupación, si corresponde. Esta cláusula generalmente se presenta de esta forma: "nosotros, las diversas personas cuyos nombres y direcciones están suscritos, deseamos formarnos en una compañía en busca del número de acciones en el capital de la compañía, opuestas a nuestro nombre respectivo".

Después del registro, ningún suscriptor del memorando puede retirar su suscripción por ningún motivo.

CONCLUSIÓN

Podemos decir como definición que la empresa es la organización de los recursos necesarios, que a partir de la combinación de los diferentes medios de producción, pone a disposición del público bienes y servicios susceptibles de cubrir sus necesidades, con el ánimo de alcanzar objetivos previamente definidos por los que serán sus integrantes.

Analizando esta definición se pueden extraer las siguientes conclusiones:

- La empresa es una organización, por tanto ha de responder a una estructura de funcionamiento previamente diseñada.

- La combinación de diferentes medios de producción la configuran como una unidad económica.

- Su finalidad es generar productos y servicios que sean capaces de cubrir las necesidades (ilimitadas) de los consumidores.

- La empresa funciona para cubrir objetivos previamente definidos. El principal de estos objetivos, y primera razón de ser de una empresa, es la obtención de rentabilidad económica, es decir, la consecución de beneficios.

También podemos concluir que se podría decir que la empresa es la unidad de producción del sistema económico de un país, cuyo objetivo prioritario es la consecución de beneficios para los propietarios de la empresa, teniendo además, otra serie de objetivos secundarios, que estando al servicio del objetivo prioritario, determinan la estrategia empresarial. De los objetivos mencionados, los más importantes son:

- Cubrir las necesidades del mercado.

- Generar puestos de trabajo.

- Dinamizar la sociedad de una determinada zona.

- Crecer extendiéndose por nuevos mercados y alcanzar prestigio.

Las funciones que la empresa cumple en la sociedad capitalista quedan determinadas por el desarrollo de la actividad empresarial que se plantea estos objetivos como meta.

Estrategias de Impuestos: Volumen 3

Cómo Ser Más Inteligente Que El Sistema Y La IRS Cómo Un Inversionista En Bienes Raíces Al Incrementar Tu Ingreso Y Reduciendo Tus Impuestos Al Invertir Inteligentemente

By

Income Mastery

INTRODUCCIÓN

Cada una de las secciones de este texto, le proporcionará información básica sobre cómo ser un inversionista más inteligente en bienes raíces para aumentar tus ingresos e invertir de manera acertada para reducir los impuestos, así como otras fuentes adicionales que le servirán de información.

Por medio de Internet tenemos a disposición todo lo relacionado con Bienes Raíces y sus fundamentos tanto básicos como avanzados para incursionar en este tipo de negocios. Dicha información tiene ciertas pautas relevantes para todo inversionista preparado, las cuales debe seguir minuciosamente para lograr mantenerse en el mercado y asumir un nuevo rol dentro de cada región que le ayudarán a seguir creciendo en su empresa. Adquirir bienes raíces es una inversión muy segura, rentable y con un bajo riesgo que le puede generar ingresos cuando arrienda o vende el inmueble. En épocas de crisis muchos especialistas recomiendan principalmente adquirir bienes raíces ya que se puede invertir en inmuebles que difícilmente se despreciarán y por ende incrementarán su valor a través del tiempo, todo esto sumado a la situación económica del país hacen que los precios puedan tener un considerable ajuste y flexibilidad en su financiamiento.

En el mercado de bienes raíces o mercado inmobiliario existen una serie de ventajas para convertirse en inversionista activo exitoso, dado que la tierra es cada vez más un recurso escaso para vivir y las poblaciones del mundo aumentan constantemente, de forma que tanto las ventas y compras de inmuebles, los arriendos, los remates y otras figuras legales que se pueden comerciar tendrán cada vez mayor vigencia y utilidad económica para el inversionista inmobiliario entrenado.

En el mundo de las inversiones son ampliamente reconocidas la solidez y seguridad que brindan los bienes raíces dado su bajo nivel de volatilidad y permanencia en el tiempo, incluso grandes inversionistas como los muy reconocidos Robert Kiyosaki y el mismísimo Donald Trump quienes lograron su fortuna a partir de la inversión en bienes inmuebles y operaciones inmobiliarias, han demostrado en repetidas veces en sus libros, charlas y conferencias, las bondades y ventajas que trae para la economía personal el saber a manejar los instrumentos legales y financieros del mercado inmobiliario. Ahora bien, cuando se presenta el tema de los instrumentos legales, se toca una parte legal que atemoriza a muchos inversionistas en especial a los novatos. He aquí que se presenta el caso del sistema IRS y todos los impuestos que se relacionan con bienes raíces, en inglés se le denomina Real Estate y el IRS hace referencia al sistema de impuestos federales del Departamento del Tesoro de los Estados Unidos como se describe según sus siglas (Internal Revenue System: IRS).

Pero uno de los aspectos muy ligados al negocio de los bienes raíces son las famosas Hipotecas. Las hipotecas, las cuales son inscritas en el Registro de la Propiedad se definen como el derecho real que grava un bien inmueble y que normalmente se utiliza para lograr la financiación necesaria para su compra, esto significa que el bien (mueble o inmueble) permanece en manos del propietario mientras este cumpla con sus obligaciones; en caso contrario, el acreedor puede realizar la venta del bien para cobrar el dinero que prestó anteriormente al propietario del bien.

Es muy importante conocer minuciosamente sobre estos aspectos que parten de un estudio económico muy exhaustivo y preciso ya que si no se toman en cuenta previsiones y cualquiera de los elementos que pueden dar curso al flujo normal del negocio de los bienes raíces, se pueden dar como consecuencias situaciones nefastas y muy negativas para la sustentabilidad de la empresa a la cual está dedicándole no sólo su tiempo sino también su importante capital que necesita aumentar de acuerdo al producto que comercializa. Siga los consejos dados en este manual y tendrá una ventaja muy apreciable que le rendirá muy buenos frutos y podrá permanecer compitiendo con buenas ganancias en este mercado tan rentable como lo son los bienes raíces.

Invertir inteligentemente significa tomar en cuenta muchas variables que debe calcular minuciosamente para lograr una meta económica para su empresa y por ende cumplir con objetivos personales para su vida de igual modo cumplir con las expectativas de los clientes que confían en usted. Hay muchos aspectos que se deben seguir al pie de la letra para obtener excelentes resultados y no fallar en el proceso de construir su libertad financiera en el negocio de los bienes raíces.

Los modelos de inversiones en Bienes raíces más conocidos son los inmuebles adjudicados, las remodelaciones y la construcción de viviendas, estos son los más buscados de acuerdo a interés del inversionista y también tomando en cuenta el movimiento del mercado en cada zona o área. Algunas recomendaciones deben seguirse para obtener el mejor beneficio en el tiempo que se haya planificado para tal fin y tomar la iniciativa para empezar a generar ganancias tan sólo aplicando las estrategias y métodos adecuados.

El primer consejo que debes aprender como inversionista es que debes prepararte para entender esta clase de negocios. Los Bienes Raíces te pueden dar verdadera libertad financiera y generar ingresos muy superiores a los que te puedas imaginar, sólo necesitas tener la seguridad y el conocimiento certero de lo que rodea a este nicho comercial que puede hacerte obtener la vida que más desees.

La clave de éxito de los Bienes Raíces es la tierra, es decir, el terreno o el área donde se asientan las viviendas o inmuebles, entiéndase inmueble aquello cuyo valor puede revalorizarse un poco más con el tiempo luego de su adquisición. Esto se condiciona de acuerdo a su mejora, actualización, mantenimiento y obviamente ampliación. Al final, lo que se desea es lograr reducir el impuesto sobre la compra y venta de inmuebles en este mundo de los Bienes Raíces.

Ante todo una nota motivacional para que el entusiasmo ilumine tu acción y puedas ver con claridad los objetivos que te permitirán trazarte una meta segura y lograr comprometerte con tu propio negocio, simplemente debes pensar y creer que si logras aprender bien este modelo de negocios para tu vida y que luego con total seguridad puedas ver por dónde debes obtener excelentes resultados y dónde no deberías estar para no generarte una pérdida ni de tiempo ni de ningún otro recurso, entonces no podrías imaginarte la gran vida que obtendrías por las ganancias abultadas que llegarían a tus manos, y es que simplemente pensar en el gran resultado no sería suficiente, porque más que eso obtendrías la libertad de compartir con los tuyos y ayudar a toda tu familia a crecer y tener aquellas cosas que siempre quisiste tener.

La industria de Bienes Raíces es una industria de grandes oportunidades en donde puedes utilizar diversas estrategias, técnicas y métodos para comprar y vender propiedades sin tener que caer en riesgos financieros obteniendo un retorno seguro y ayudando a otros a mover el mercado de forma productiva. Tomar esta decisión puede cambiar tu vida y si estás preparado para ver muchas ganancias, entonces no queda más que desearte el mejor de los éxitos y que vayas pensando en qué disfrutar tu abundancia económica.

Demográficamente el mundo crece, lo aceptemos o no, y además es una certeza matemática, en el mundo cuando algunos países caen en conflictos bélicos o tienen procesos de declives políticos, sociales o económicos, tienden a generar migraciones o cambios demográficos muy consistentes, esto hace que aquellos países con alta posibilidad de crecimiento económico puedan desarrollarse con más potencialidades y fortalezcan sus niveles productivos, caso muy contrario de aquellos países que permanecen estancados y subsisten con actividades económicas que no permiten obtener un mayor y mejor desarrollo tanto para sus ciudadanos como para los extranjeros que buscan mejores oportunidades. Es el caso muy notable de los países del medio oriente que han vivido guerras y conflictos bélicos que los han posicionado en una escala de descenso social y económico que ha dado como resultado una desesperada migración hacia países circundantes y en especial de Europa. De aquí podemos simplemente deducir que la población a la que esos migrantes se dirigen va a aumentar y su desarrollo económico podría ser mejorado, esta nota de conocimiento demográfico es importante para buscar formas de hacer dinero ayudando a resolver ciertos problemas de habitabilidad.

Básicamente en este manual necesitas aprender cómo generar altos ingresos apalancándote (el término apalancar hace referencia a la utilización del endeudamiento para financiar operaciones) de la infraestructura que te brinda el mercado inmobiliario, es decir, usando el financiamiento de una deuda de todo lo que ya existe y que ya está listo en el mercado inmobiliario, listo para hacerle ganar dinero a aquellas personas que posean y apliquen el conocimiento correcto en el momento correcto. Quizás en este momento, puedes pensar: "No tengo ni un solo dólar en la bolsa y quisiera ganar dinero en Bienes Raíces ¿cómo podría empezar?", calma, te cuento que existen varias técnicas que vas a aprender aquí y que te van a capitalizar rápidamente. O quizás podrías pensar: "Ya tengo dinero y quiero invertir en Bienes Raíces para multiplicar mi patrimonio y mi riqueza", existen de igual manera diversas técnicas que te van a generar espectaculares rendimientos y van a permitirte construir una verdadera riqueza con Bienes Raíces. La idea es, que sin importar la situación en la que te encuentres, puedas conocer, entender y aplicar cualquiera de estas técnicas en tu provecho, sin embargo, te recomiendo que te acostumbres a aplicar aquellas que no requieren el uso tu dinero, porque si vas a invertir tu dinero, entonces tienes un límite, ¿cuánto dinero tienes en tu cuenta bancaria?, pues ese es tu límite. Si te motivas y decides aprender hacer dinero sin dinero, no hay límite, porque te apalancas de cualquier persona que quiera apoyar tu proceso… y entonces comenzarás a construir tu riqueza mucho más rápido de lo que te imaginas.

Antes de entrar al proceso de conocer las técnicas tome en cuenta los siguientes consejos del negocio de Bienes Raíces:

No acumule propiedades, ya que no estarías invirtiendo sino poseyendo propiedades. Ser un inversionista en bienes raíces es producir ingresos o ganancias basados en las propiedades que maneja. Tome en cuenta que cada propiedad pasa por un período de vida útil y por tanto necesita refacciones. Como inversionista no debe ignorar este hecho de que con el tiempo, tendrá que gastar dinero en el mantenimiento de los inmuebles. Es posible que un inmueble necesite un nuevo techo y que el sistema eléctrico tenga que ser actualizado. Todos los bienes inmuebles pasan por estas fases, unos más que otros. Así que asegúrese de tener un plan a largo plazo para manejar tales reparaciones.

Trate de concentrarse en un solo tipo de inversión a la vez, cuando usted está comenzando, debe enfocarse en un tipo de inversión: apartamentos, oficinas, tiendas, terrenos, o lo que sea. Cada acuerdo necesita y merece toda su atención. Es mejor ser maestro de uno que de la media sobre muchos.

Tome conciencia de los asuntos ambientales. La gran preocupación potencial para muchos propietarios de propiedades comerciales son los problemas de los desechos urbanos sean orgánicos o artificiales. Los propietarios tienen la responsabilidad principal de solucionar estos problemas, incluso si el propietario actual no los causó. Si en algún momento tuvo un interés en una propiedad, usted es potencialmente responsable de pagar por la limpieza de la misma. Los costos de una limpieza y eliminación ambiental pueden ascender a millones de dólares. Obtenga un informe ambiental de las compañías de evaluación ambiental como parte de su diligencia debida si es necesario. Los informes cuestan un poco, pero pueden ahorrarle aún más.

Trate de tener la asesoría de un mentor para que pueda aprender de sus errores. Los mentores pueden evitar que cometa grandes errores, identificar los casos en los que se ha perdido elementos de diligencia debida y ponerlo en contacto con recursos a los que de otro modo no tendría acceso inmediato.

Determine si usted y sus activos están adecuadamente protegidos. Desafortunadamente, como sucede en la vida, también lo hacen las demandas. Eso significa que usted necesita hacer todo lo que pueda para protegerse. Hágase las siguientes preguntas para determinar si está protegido:

– ¿Qué es lo que está en juego si pierde una demanda?

– ¿Están protegidos sus bienes personales (por ejemplo, su apartamento)?

– ¿Cómo se protege su propiedad?

– ¿Están sus otras inversiones totalmente separadas entre sí para que una demanda no afecte a las otras inversiones?

No intente responder estas preguntas asumiendo respuestas fuera de la realidad o que no tengan una base que las sustenten. Comuníquese inteligentemente con un abogado para asegurarse de que está protegido si lo demandan.

Los Bienes Raíces están sometidos a procesos de ciclos de valor ya que como bien físico están sujetos a permanecer en un lugar y estar regulados por leyes del estado local. Entre esos procesos tenemos:

Proceso de Conversión de Tierras Rurales

La mayor parte del suelo urbano comienza como tierra rural, a menudo al borde de una ciudad existente. A medida que la zona urbana crece en población y actividad económica, la tierra dentro de sus límites existentes se hace menos disponible y más costosa.

Buscando menores costos y mayores beneficios, un nuevo proyecto en desarrollo puede dar el salto hacia las zonas rurales, generalmente a lo largo de las existente arterias viales u otros corredores de transporte. A medida que aumenta el precio de la tierra, los agricultores encuentran atractivo vender y trasladar su agricultura más lejos a zonas de menor costo o simplemente retirarse.

Hay muchos actores involucrados en la transformación de la tierra rural en oportunidades para los bienes raíces. En la mayoría de los casos, los organismos gubernamentales locales dan cabida a este proceso de transformación. Esto se logra mediante la reclasificación de antiguas zonas agrícolas, la construcción de nuevas arterias o la mejora de las existentes, la construcción de sistemas de alcantarillado, suministros de agua y otros servicios públicos, la construcción de nuevas escuelas, y otras medidas para proporcionar la infraestructura urbana necesaria para fomentar este modelo de crecimiento urbano en expansión.

En general, no se pierde para la mayoría de los dirigentes cívicos estas nuevas pautas de crecimiento, a la vez que cuestan dinero tanto en capital como en servicios, creando mayores niveles de ingresos fiscales para las arcas del gobierno local.

Los inversionistas de tierras suelen aprovecharse rápidamente de estas situaciones, a menudo comprando tierras de cultivo por el acre y vendiendo terrenos residenciales por el lote. En muchos casos, estos inversores presionan a sus representantes gubernamentales para que recarguen las propiedades y aprueben nuevas mejoras de infraestructura.

En algunos casos, los inversores toman la iniciativa en la reclasificación de la propiedad financiando una parte (no todas) de las mejoras. Las recompensas a los inversionistas de tierras son a menudo enormes y van del 20 al 50 por ciento anualmente creando una enorme riqueza para aquellos que tienen éxito.

Sin embargo, los riesgos también son enormes, ya que los inversores de tierras menos afortunados encuentran que sus inversiones quedan al margen de la nueva infraestructura urbana, y las oportunidades de desarrollo se posponen durante muchos años. Esto reduce sustancialmente, si no elimina, cualquier oportunidad del retorno de inversión conmensurado con el riesgo que se toma.

Proceso de Desarrollo de edificaciones

A medida que se organizan las áreas rurales y se establecen las infraestructuras necesarias al punto de establecer una masa crítica de desarrollo residencial, muchos inversores de bienes raíces comienzan a invertir en edificaciones. También los desarrolladores de edificios con los constructores de otras ciudades y pueblos notan el crecimiento de estas nuevas áreas nuevas y establecen operaciones locales para aprovecharse de las oportunidades.

El desarrollo de edificaciones (en muchos casos habitacionales) es mucho más complejo de lo que se puede imaginar, esto incluye la planificación y el diseño, obtener derechos gubernamentales, asegurar financiamientos a largo plazo, arrendar espacios de inquilinos, construcción y finalmente operación y administración de edificaciones.

Proceso de Deterioro y Renovación

Luego del crecimiento y ampliación de áreas urbanas, muchas se van tornando complejas por dicho crecimiento, en ese punto es inevitable que algunas áreas tengan peores tarifas que otras. Esto sucede por lo general con vecindarios mucho más antiguos, en especial las zonas céntricas con serias deficiencias en los edificios o áreas donde ciertas tierras empleadas por complejos industriales antiguos han sido movilizadas a áreas más funcionales como los suburbios periféricos.

Con el tiempo, algunas de estas zonas en declive comienzan a reciclarse de forma privada o a través de los esfuerzos de la acción gubernamental, como programas de mejora de capital y/o proyectos de renovación urbana. En algunos casos, estas zonas adquieren un aura propia, con unidades residenciales recicladas, así como nuevos restaurantes, atracciones turísticas y otros usos comerciales.

Este proceso de crecimiento urbano, declive y renovación, continúa, en la mayoría de las ciudades del continente y algunas ciudades extranjeras, creando una amplia gama de oportunidades de inversión para un grupo cada vez más diverso de empresas operativas e inversores potenciales.

Con el tiempo, algunas de estas zonas en declive comienzan a reciclarse de forma privada o a través de los esfuerzos de la acción gubernamental, como programas de mejora de capital y/o proyectos de renovación urbana. En algunos casos, estas zonas adquieren un aura propia, con unidades residenciales recicladas, así como nuevos restaurantes, atracciones turísticas y otros usos comerciales.

Es durante estos procesos de ciclo de valor donde podría ir participando como inversionista y ganar dinero de forma continua. Tome en cuenta que al crecer las áreas urbanas y se tornen más complejas, los proyectos de edificación se requerirá mayor cantidad de capital y los desarrolladores necesitarán socios inversionistas.

Los inversores que evalúan la inversión en proyectos de desarrollo de la construcción pronto descubren que a medida que el edificio avanza hacia la finalización y el arrendamiento, el riesgo se reduce y también los rendimientos. Se trata de un proceso de clasificación en el que los inversores pueden invertir en elementos de proyectos que se adapten a sus propios perfiles de riesgo o rendimiento.

De hecho, es común encontrar diferentes tipos de inversores con diferentes perfiles de riesgo y rendimiento, invirtiendo en diferentes etapas de un proyecto. Los desarrolladores también han descubierto que cuanto más tiempo puedan autofinanciar un proyecto, mayor será el rendimiento que puedan obtener por sí mismos, pero también con mayor riesgo.

PAPEL DE LA UBICACIÓN PARA EL MEJORAMIENTO DEL VALOR DEL INMUEBLE

Cuando se habla de ubicación viene a colación un viejo adagio que reza: "las únicas tres cosas que importan en los bienes raíces son la ubicación, la ubicación y la ubicación". Puede que esto influya en su decisión de invertir en propiedades donde su valor se pueda incrementar pero debe considerar que muchas personas manejan esta idea y tendría que ingeniárselas para adaptar dicha propiedad con factores especiales de remodelación que la harán un producto especial de rápida salida. Para lograr vender una propiedad en cualquier ubicación donde crea que sería conveniente siempre considere competir con los precios del área donde se ubica.

En fin, podemos tomar en cuenta que las áreas de mayor índice de valoración de una propiedad son:

1) El área metropolitana o central.

   Las áreas centrales o metropolitanas son secciones de las ciudades donde se aprecia un crecimiento mayor y a medida que pasa el tiempo aumenta su flujo de personas. Este flujo de personas en parte está condicionado por el aumento de ofertas laborales lo cual atrae a los candidatos y buscan competir con otros para obtener un empleo según sus características. Por lo general, estas áreas tienen gran influencia tecnológica y confluyen sectores económicos estables haciendo que aquellas personas que demanden un producto vayan a esa zona a buscarlo.

2) El área o zona industrial.
   Esto incluye también a las secciones donde se encuentran centros comerciales, malls, mercados o cualquier otro tipo de empresas que puedan albergar mayor grupo de personas empleadas y su confluencia está basada en la capacidad de producción de la región.

¿QUÉ TIPO DE INVERSIONISTAS PUEDES SER TÚ?

Existen básicamente dos tipos de inversionistas en Bienes Raíces, el primero es el inversionista de flujo de caja y el segundo es el inversionista a largo plazo. Ambos casos son excelentes para construir riquezas y pueden lograr hacer dinero en mercados de alza y baja.

El Inversionista de Flujo de Caja: estos pueden comprar propiedades con la finalidad de hacer ingresos mensuales. Compran bienes raíces como comprar cualquier bien luego de haberse asegurado su rentabilidad y de que les asegure una entrada de dinero en un período de un mes.

Los inversionistas de flujo de caja no confían solo en la valorización del inmueble, sino también en el ingreso que pueden percibir en poco tiempo.

Otro punto a favor de esta clase de inversionistas es la habilidad de captar el movimiento en una baja del mercado. Los mercados bajistas (o en baja) donde las ventas son muy lentas o escasas y los precios van cayendo o disminuyendo, las personas que compran casas para habitar no lo hacen por temor a depreciaciones. Es en estos momentos cuando los inversionistas de flujo de caja hacen dinero convirtiendo las propiedades en comercios multiunitarios.

Inversionistas a largo plazo: estos inversionistas confían plenamente en la valorización para construir su riqueza, pero lo hacen de un modo más conservador. También se benefician del capital propio al pagar el importe del préstamo a lo largo de varios años.

Las metas de este inversionista son simple: Quieren acuerdos con una ventaja, como la capacidad de aumentar el valor mediante la mejora del flujo de caja de la propiedad. Por ejemplo, algunos de los inversores más ricos que conocemos son nuestros mentores, que son caballeros mayores que compraron sus piezas de bienes raíces comerciales hace décadas. Uno de ellos compró tierras y otro compró apartamentos. Su filosofía era: Los bienes raíces siempre tendrán un valor más alto durante muchos años si espero lo suficiente. Es una estrategia simple que ha funcionado muy bien para muchos inversionistas armados de buena paciencia. Ambos poseen propiedades libres de deudas, y han recibido millones de dólares desde entonces.

¿QUÉ SE REQUIERE PARA SABER OPERAR EN ESTAS INVERSIONES?

Es bueno reflexionar sobre tu habilidad de análisis para desglosar una propiedad rentable en tres partes:

- INGRESOS.
- GASTOS.
- DEUDA (Pago de Hipoteca).

El proceso para calcular el flujo de caja para un complejo de apartamentos de 30 unidades es el mismo que el proceso para una casa unifamiliar. Por ejemplo, digamos que compró una casa de tres dormitorios y dos baños y la está alquilando por 1.200 dólares al mes. Como propietario, usted es responsable de los impuestos sobre la propiedad, seguro y un paisajista. Todos esos gastos totalizan 300 dólares por mes. También paga $800 mensuales por su hipoteca. El inquilino paga todos los otros gastos. Aquí está una fórmula rápida para calcular el flujo de efectivo por mes:

Ingresos – Gastos – Deuda = Flujo de caja mensual.

Sustituyendo los valores del ejemplo anterior, tenemos el siguiente resultado de la fórmula:

1200 (ingreso) – 300 (Gastos) – 800 (Deuda) = 100 (flujo de caja)

¿Fue difícil? No, ¿verdad? Ahora, suponga que adquiere un edificio de 30 departamentos. Tiene 30 unidades de dos camas en alquiler por 500 dólares al mes. Eso da un total de 15 mil dólares en ingresos mensuales. El gasto total de los 30 departamentos son 6 mil por mes (eso incluye impuestos, seguro, mantenimiento y costos administrativos de la propiedad). El pago de la hipoteca es de 5 mil mensual. Así es como viene quedando la fórmula:

$$15000 - 6000 - 5000 = 4000 \text{ (total flujo de caja mensual)}$$

Este concepto se aplica a edificios de oficinas y centros comerciales. Sólo recuerde que por cada propiedad que requiera analizar debe considerar primero el ingreso, luego los gastos y por último el pago de la deuda. Partiendo de allí podrá determinar si la propiedad le produce ingresos rentables.

En esta parte del texto nos vamos a enfocar en muchas técnicas que requieren tu accionar inmediato y comenzaremos por revelarte una de tantas "fórmulas secretas" para crear tu riqueza, esta fórmula contiene sólo dos ingredientes, y el primero de ellos es tu planeación patrimonial, es necesario que sepas qué es un patrimonio y cuál es tu estrategia de planeación patrimonial.

Si no aprendes esto será muy difícil que puedas construir riqueza, ya que una cosa es tener altos ingresos y otra muy distinta es tener un patrimonio sólido con Bienes Raíces, la falta de una correcta planeación patrimonial es la causa de que varios agentes de Bienes Raíces que ganan comisiones de 20 mil o 30 mil dólares por mes, sigan siendo auto-empleados y dependan de su trabajo para generar ingresos, por el otro lado, unos cuantos agentes inmobiliarios, incluso con ingresos menores, han logrado la libertad financiera en pocos años aplicando estas técnicas, ¿a qué grupo te gustaría pertenecer?.

Debes tener presente siempre, que el objetivo de tu vida laboral, de tu vida productiva, es crear tu patrimonio, si en este momento no estás creando un patrimonio, algo estás haciendo mal. De no crearte un patrimonio lo más probable es que más adelante podrías estar en serios problemas financieros y hasta puede ser que financieramente toques fondo varias veces en tu vida, todo por no saber cómo crear un patrimonio sólido y seguro, de ahí la importancia de enfocarte en la creación rápida de tu patrimonio.

Poder poseer bienes raíces tiene unas ventajas financieras únicas. Como ejemplo, los propietarios pueden deducir sus ingresos hipotecarios, las primas de seguro hipotecario y los impuestos a la propiedad del ingreso ordinario. Además, los ingresos de la venta de una casa se tratan como ganancias de capital para impuestos: hasta 250 mil dólares de la ganancia pueden excluirse de los ingresos de un contribuyente individual o de 500 mil dólares para una pareja que presenta una declaración conjunta.

Poseer una casa o inversión inmobiliaria ofrece enormes ventajas tanto para la sociedad como para usted de forma individual.

Se define como patrimonio a todos aquellos bienes materiales con lo que se puede obtener una liquidez, estando presente en vida o no. Un patrimonio suele ser algo que es posible dar como heredad a tus hijos o hijas habiéndolo construido ya desde este momento, o visto desde otro punto de vista, es eso que te permite obtener liquidez inmediata cuando la necesites. Un bien que se puede considerar patrimonio es un inmueble que ya está completamente pagado y lo puedes vender para obtener una liquidez o un ingreso con el mismo, también en caso de fallecimiento tus deudas podría ser liquidadas y de ahí se establece un patrón de negocios que puede contar con tu presencia en vida o no. Si por el contrario adquiriste el bien a crédito y aún lo estás pagando por cuotas no se considera patrimonio ya que el inmueble todavía no es tuyo, es del banco o del prestamista que te financió el dinero, en caso de necesitar dinero no podrías contar con ese inmueble.

Otro de los ejemplos de un patrimonio son los seguros de vida y algunos otros esquemas de seguros, como los de educación, que en un cierto número de años de estar cancelándolo te hacen una devolución del dinero.

Una empresa también es un patrimonio con la salvedad de que si tú eres la empresa, es decir, si tú haces todo, como en el caso de un bufete de abogados y el titular hace todo, sin él la empresa no funciona, no se considera patrimonio, ya que si falta el titular no se podrán generar más ingresos. Una empresa que tenga un sistema que la haga generar ingresos con o sin el dueño, se considera patrimonio, ya que seguirá dando liquidez (flujo de caja) aunque falte el dueño.

Los vehículos no pueden considerarse como patrimonios porque se deprecian muy rápidamente. Obviamente se pueden generar ingresos con un auto estando presente el dueño o no, pero su depreciación hace que sea un riesgo muy alto de inversión a la cual hay que movilizar rápidamente. Dos razones por las cuales vendemos los vehículos y por tal no pueden considerarse como patrimonio: la primera es que vendemos un vehículo para obtener otro de mejores condiciones como medio de transporte y la segunda es que lo vendemos para obtener dinero y fundar bases para otros bienes.

Lo más importante es que te enfoques el 80% de tu tiempo, o más, en crear tu patrimonio, una sugerencia que te damos es que te enfoques en inmuebles, en tener tus propios inmuebles como parte de tu patrimonio y al mismo tiempo crear una empresa de Bienes Raíces para ti. Cualquiera de las dos cosas te va a generar gran riqueza y patrimonio.

TIPOS DE PROPIEDADES INMOBILIARIAS

Al hablar del término bienes inmuebles se hace referencia a diferentes tipos de propiedad, las cuales se especifican de la siguiente manera:

Los Bienes inmuebles no desarrollados

Cuando los inversionistas adquieren tierra en bruto lo hacen para una variedad de propósitos, incluyendo granjas y ranchos, otros como la explotación de determinados recursos naturales, tales como la extracción de madera o la minería del carbón, la subdivisión y la venta de lotes, o el desarrollo a futuro. El precio de la tierra virgen sin ningún tipo de construcción habida depende de su uso más alto posible, ya sea agrícola o el sitio de un edificio de oficinas. La proximidad a áreas urbanas y los propósitos de zonificación aprobados a menudo determinan el valor de la propiedad.

Las Propiedades Residenciales

Muchos de los bienes inmuebles comúnmente son utilizados para fines residenciales, ya sean casas unifamiliares o propiedades multifamiliares, incluidos apartamentos y condominios. Dichas propiedades, que abarcan desde un solo dúplex hasta desarrollos con varias unidades destinadas al alquiler, requieren de un mantenimiento constante y una administración activa para mantener la ocupación y aumentar el valor.

Propiedades comerciales

En este segmento se incluyen edificios de oficinas, propiedades comerciales, como tiendas de abarrotes, supermercados y tiendas en general, así como también propiedades industriales, incluyendo almacenes y plantas de fabricación. Los bienes inmuebles comerciales requieren una gestión activa por causa de una feroz competencia en el mercado, el mantenimiento físico, la rotación constante del inquilino y la variedad y complejidad de los términos del arrendamiento. Los dueños de propiedades regularmente lidian con asuntos legales, de zonificación y ambientales.

Las propiedades inmobiliarias también se pueden clasificar como:

Propiedad no mejorada: Las propiedades no mejoradas son tierra cruda que no han sido modificadas por la acción humana, es decir, sin ningún edificio, estructura, camino, estanque artificial o lago sobre ella. Como se considera que la tierra tiene una vida útil infinita, no se puede depreciar a efectos fiscales. Sin embargo, las deducciones por agotamiento pueden estar disponibles si se toman recursos naturales como madera, petróleo y otros minerales de la propiedad.

Propiedad mejorada: Las propiedades mejoradas son tierras que han sido alteradas mediante la adición de edificios y estructuras artificiales, residenciales o comerciales. Si bien, no se puede depreciar la tierra, los costos de las mejoras pueden recapturarse a lo largo de su vida útil. En muchos casos, se permite la depreciación acelerada de los activos reales.

Reglas y regulaciones del impuesto sobre bienes inmuebles

Poseer una propiedad de inversión inmobiliaria puede proporcionar beneficios impositivos significativos al propietario si se organiza y gestiona adecuadamente. Las reglas generales que se aplican al tratamiento fiscal de inversiones inmobiliarias son:

a. Los costos asociados con la adquisición de la propiedad (cargos por el título, tarifas de registro) se agregan a la base del costo de la propiedad y se deprecian.
b. Los costos relacionados con el financiamiento de una propiedad (honorarios del prestamista, tarifas de solicitud de hipoteca) se amortizan durante la vigencia del préstamo.
c. Los costos incurridos como resultado de la operación de la propiedad (impuestos, seguros, servicios públicos) son deducibles como gastos corrientes.

Sin embargo, las reglas fiscales son complejas y su aplicación depende del tipo de propiedad, así como de la clasificación fiscal de su propietario. En otras palabras, un inversor puede proteger otros ingresos de impuestos mientras que otro no puede.

Como consecuencia, los propietarios de inmuebles sofisticados frecuentemente usan una combinación de entidades legales: fideicomisos, corporaciones C, elecciones del Subcapítulo S y compañías de responsabilidad limitada (LLC) para comprar, administrar y vender sus activos inmobiliarios. Los propietarios suelen participar en transacciones complejas posteriores entre las entidades para minimizar la responsabilidad legal y financiera o maximizar sus beneficios fiscales personales.

Cada estrategia se crea para acomodar las circunstancias particulares de los propietarios, el uso previsto de la propiedad, la adición de mejoras significativas, el período de tenencia del activo y el impacto final de la estrategia sobre los ingresos no relacionados y la obligación tributaria.

Se puede requerir que el contribuyente justifique una posición fiscal al IRS. Como consecuencia, la obtención de asesoría legal y contable profesional siempre está justificada, si no es esencial, antes de proceder con la implementación de una estrategia de reducción de impuestos.

Finalmente, los posibles inversores inmobiliarios deben ser conscientes de que los beneficios de cualquier incentivo fiscal pueden estar restringidos para los contribuyentes de mayores ingresos debido a la eliminación gradual y al impuesto mínimo alternativo (AMT).

Ahora pasaremos a explicar unos pasos muy simples que siempre deberás aplicar en cada negocio que hagas con Bienes Raíces. En la medida en que los apliques y cambies tu mentalidad serás exitoso en el negocio inmobiliario y podrás utilizar los Bienes Raíces como el instrumento perfecto para crear tu propia riqueza.

PASO 1: CREA UN PLAN DE NEGOCIOS DETALLADO.

Al empezar cualquier tipo de empresa o negocio debe ser siempre una regla que tienes que cumplir la de escribir un plan de negocios. Se hace imprescindible contar con una estrategia de inversión por medio de un plan, si no lo haces así, podría llevarte a tener inmuebles no productivos o de algún otro modo perder las oportunidades cuando se te presenten. Sucede muchas veces que las personas no conocen bien los movimientos del mercado tanto en momentos de alzas como de baja y adquieren después un inmueble esperando que el mercado vaya a su favor. Esto es jugar con la suerte y por lo general lleva al fracaso.

La estrategia de inversión es muy sencilla, debes considerar el capital inicial que invertirás, y este capital no necesariamente es dinero, puede ser trabajo, tiempo, relaciones y/o conocimiento. Aquí deberás preguntarte: ¿qué tanto voy a invertir? y ¿cuál es el costo de oportunidad de esa inversión?, esta última pregunta se refiere a qué tanto te conviene invertir tu capital en un negocio en comparación con algún otro negocio o actividad en la que lo podrías invertir.

El segundo factor importante dentro de tu estrategia de inversión es el tiempo. El tiempo es un factor de oro en todas las inversiones, sean inmobiliarias o no, debes definir exactamente en qué tiempo obtendrás tu rendimiento, si no tienes perfectamente calculado el tiempo en que ganarás tus rendimientos, te recomiendo no hacer inversiones de ningún tipo.

El tercer factor involucra al rendimiento, debes saber perfectamente y con anticipación el rendimiento que obtendrás con tu inversión, ¿cuánto vas a ganar?, ¿en qué tiempo lo vas a ganar? y ¿cuánto o qué tendrás que invertir? La estrategia de inversión aunque es sencilla no siempre es tan obvia, he leído muchos textos que dicen: "el negocio de Bienes Raíces está en la compra no en la venta", dando a entender que si compras un inmueble por debajo de su valor de mercado aseguras una ganancia, y eso no siempre es verdad. Imagina que sigues ese "consejo" y compras un inmueble al 70% de su valor de mercado ¿para qué lo compraste?, ¿qué sentido tiene que compres a mitad de precio si vas a terminar pagando impuestos, gastos de mantenimiento o no sabes qué hacer con el inmueble?, ¿qué objetivo tiene?, ninguno.

Yo cambiaría esa frase a esta manera: "En Bienes Raíces, la ganancia está en la compra, siempre y cuando tengas una estrategia definida de venta, que involucre capital inicial, tiempo y rendimiento". Un claro ejemplo de las compras sin estrategia de inversión son las preventas. Una preventa es cuando los desarrolladores ponen un inmueble a la venta que aún no está construido, o no está terminado al 100%, ya que este esquema sirve para inyectar dinero a la construcción, por lo general los desarrolladores son flexibles en precio y podrías adquirir inmuebles entre el 70% y 80% de su valor real, si no tienes una estrategia de inversión podrías comprar una preventa pensando que sólo con la compra ya ganaste, sin embargo los gastos de escrituración, impuestos, mantenimiento, minusvalía, etc. podrían diluir fácilmente tu ganancia, entonces el negocio sólo está en la compra.

Muchas personas cometen la imprudencia de pensar: "ya todo se vendió, ya todo está ocupado, me lo quedo porque va a ir subiendo de precio", ¡error!, ya no va a subir de manera acelerada, sólo va a incrementar la plusvalía normal de la zona, e incluso podría bajar de precio si se da el caso de que estén construyendo mucha vivienda nueva por la zona.

La preventas son como las acciones de la bolsa, tienen su punto máximo y a partir de ese momento empieza a disminuir su valor, ya no sube el precio del inmueble aunque sea muy codiciado y deseable. Si aplicas tu estrategia de inversión al negocio de las preventas, entonces la cosa cambia, tu capital inicial sería el valor del inmueble, y si tienes claro lo que vas a ganar y en cuánto tiempo, podrías incluso apalancarte del dinero de alguien más. El tiempo es aquel en que la preventa tenga su punto máximo de plusvalía, pocas personas saben que cuando llega ese punto pueden vender el inmueble hasta en un 110% de su valor de mercado, calcular ese momento es sencillo, llega cuando está vendido del 95% al 97% del desarrollo, es importante apalancarte de la publicidad y marketing que paga el mismo desarrollador y si compraste un inmueble "deseable" muy probablemente lo venderás hasta un 35% por encima del precio en que lo compraste.

Ahí está aplicada la estrategia, el capital inicial es el valor de preventa del inmueble, el tiempo puede ser de 8 a 20 meses, dependiendo del avance de la obra y tu rendimiento será del 35%. Y aquí ya tenemos números, este negocio te podría hacer ganar un 35% de rendimiento en ocho meses, así ya estás jugando bien, ya eres inversionista y no amateur, no estás comprando sólo por comprar, estás aplicando el efecto multiplicador, si tú ya invertiste un dólar y ganaste $1.35 USD en 8 meses, esos mismos $1.35 USD inviértelos en otra preventa y así sucesivamente, compras y vendes constantemente y de esta manera multiplicarás tu capital. Si eres disciplinado vas a generar un 35% por cada operación que hagas y si haces estas operaciones continuamente, imagina el dinero que podrías acumular, esto es saber utilizar el efecto multiplicador en Bienes Raíces.

PASO 2: ASUME EL ÉXITO DEL GANAR-GANAR

La clave del éxito en el negocio de los Bienes Raíces es tener la filosofía correcta para hacer dinero, y esta filosofía no es preguntarte ¿qué gano yo?, es preguntarte siempre ¿qué gana el que tienes enfrente, el dueño del inmueble, el inversionista, el cliente?, ¿qué gana él?". Si la persona con la que estás haciendo el negocio gana algo, tú, por consecuencia lógica, también ganarás. Esta es la filosofía ganar-ganar aplicada a los Bienes Raíces, cuando aplicas esa filosofía en tu negocio y en tu vida en general, creces exponencialmente; las personas querrán hacer negocios contigo porque van a sentir que realmente te preocupas por ellas y así debe ser.

Ten en cuenta que el negocio de los Bienes Raíces no son los inmuebles, ni los precios, ni los contratos, el verdadero negocio es más simple, son personas ayudando a otras personas. ¿Y a qué los vas a ayudar? a lograr sus objetivos, a generar más dinero, a vender sus inmueble, a lo que sea que necesiten. Somos personas ayudando a otras personas y siempre debes preocuparte por el que está enfrente; ¿qué va a ganar él? Y sólo después de eso ¿qué voy a ganar yo? En la vida en general y en los negocios en particular preocúpate siempre por lo que vas a dar tú, no por lo que vas a recibir, de esta manera, el dinero se vuelve consecuencia lógica de un trabajo bien hecho, trabajo del que ganan todos los involucrados en el proceso.

Y ahora te estarás preguntando, ¿En qué consiste un equipo de poder?, el equipo de poder es la infraestructura de recursos humanos y materiales que te va a permitir ser exitoso en el negocio de Bienes Raíces. En este momento no lo sabes todo, y créeme que nunca lo sabrás, es muy difícil ser especialista en todo, en este negocio el que tiene éxito no es el que lo sabe y hace todo, el que tiene éxito es aquel que se apalanca del conocimiento y de la manera de hacer negocio de todos los involucrados en el mercado de los Bienes Raíces, cada persona debe ser especialista en su área, en su modelo de negocio, tu especialidad será la de dirigir los esfuerzos de los otros especialistas para crear un negocio rentable. El mercado de los Bienes Raíces es tan amplio, que brinda oportunidades negocio para todos.

En Bienes Raíces puedes tener un negocio de gestoría de créditos hipotecarios, de remodelación de inmuebles, de comercialización de inmuebles, de recuperación de impuestos pagados por la renta de inmuebles, de asesoría legal para los inmuebles, de mantenimiento de inmuebles, de inversión de inmuebles y un largo etcétera. Bienes Raíces le da dinero a todo mundo y tú puedes aprovechar esta circunstancia, tu equipo de poder debe incluir por lo menos, los siguientes elementos:

1. La notaría.

Una alianza de negocios con una notaría te caerá bastante bien, porque te van a enseñar todos los procedimientos que en este momento no conoces. Quizás no sabes qué es juicio de sucesión testamentaria o no testamentaria, ni qué significa una prescripción positiva o cómo aplica la nula propiedad. Hay miles de cosas que en ese momento no sabes y que no te conviene invertir tiempo en estudiar, ya que quizás lo vayas a ocupar cada vez, yo mismo desconozco muchos procesos y términos legales, pero la notaría sí los conoce y los domina al 100%, por eso prefiero hacer alianza con ellos, para que se encarguen de esas cosas. Ni a la notaría, ni al resto de tu equipo de poder les pagarás un solo dólar, tu equipo de poder tiene la gran ventaja de que podrá ser completamente gratis. ¿Cómo tenerlo gratis?, deberás ir a una notaría, la más cercana o la de tu confianza, pide cita para hablar con alguien y le dirás algo así: "Me dedico al negocio de los Bienes Raíces, compro inmuebles, rento inmuebles, hago remodelaciones, construyo, etc., y tengo varios clientes que compran y venden los inmuebles, lo que quiero hacer con ustedes es una alianza comercial, quiero que sean parte de mi equipo de poder". "¿Cómo?", te preguntarán, "Yo te traigo a los clientes a que escrituren sus inmuebles en tu notaría; es decir, te traigo negocios y a cambio tú capacítame, resuélveme mis dudas más importantes, explícame cómo es un proceso de compraventa, cómo debo armar un expediente de un inmueble, cómo sé cuándo una propiedad está legalmente en orden para venderse, cómo hago un contrato de subarrendamiento, etc." Pídele que te explique, por ejemplo, qué impuestos se deben pagar, cómo se calculan, y en general todas las dudas que tengas, y a cambio dc cso, tú le vas a llevar todas las operaciones inmobiliarias que puedas, contratos de asociación, de subarrendamiento, compra venta, etc., esto es un acuerdo ganar-ganar, que no te cuesta un solo dólar y se benefician ambas partes.

2. El bróker o gestor hipotecario.

El segundo componente de tu equipo de poder es un bróker o gestor de créditos hipotecarios. Este bróker te va ayudar con todos los procesos para que tus clientes adquieran los inmuebles que necesites poner a la venta, tú te puedes dedicar tranquilamente a aplicar las técnicas para hacer dinero sin dinero ya que el bróker se encargará de conseguirle el dinero a tu cliente para comprar el inmueble, normalmente la institución bancaria o financiera que otorga el crédito le paga al bróker una comisión y por eso le convendrá pertenecer a tu equipo de poder. Puedes entrar a Internet a buscar brókeres hipotecarios, y proponerles el mismo intercambio de valor que a la notaría: "Yo te proporciono clientes interesados en comprar inmuebles, para que tú les tramites el crédito y ganes tus comisiones, yo no te cobro un solo dólar por cliente referido, prefiero que a cambio, me enseñas de manera general los proceso de compra de inmuebles mediante créditos hipotecarios.

3. El valuador.

Un valuador es una pieza muy importante dentro de tu equipo de poder, ya que te va ayudar en todo lo referente a los precios de los inmuebles, es importante el precio para que puedas determinar si un negocio es rentable o no, para saber en cuánto tiempo se vendería un inmueble, para saber si un inmueble podría venderse con crédito bancario o no, etc. La forma correcta de integrarlo a tu equipo de poder es decirle algo como: "Tú cobras X cantidad por cada avalúo que realizas; yo puedo pagarte un poco más de lo que me pides y te lo pago hasta el momento en que yo reciba el dinero de la venta, a cambio de recibir ese "poco más" de lo que cobras normalmente, enséñame de manera general cómo calcular el precio de un inmueble." Al valuador también le vas a conseguir clientes que necesiten un avalúo bancario para su compra, no le cobres nada por esos clientes referidos, de esta manera crearás una relación de negocios a largo plazo.

4. El estratega fiscal.

Es importante que siempre anticipes el impacto fiscal de tus operaciones, debes saber cómo vas a manejar el tema de los impuestos para evitar sorpresas desagradables. La ventaja de los estrategas fiscales, es que generalmente te van a cobrar sobre el ahorro fiscal que logren en tu negocio, por lo tonto, prácticamente se paga solo, si ibas a pagar, por ejemplo, un 30% de impuestos y a través de deducciones 100% legales este porcentaje disminuye a, digamos, un 10%, sobra decir que vale la pena tener este elemento en tu equipo de poder. Es importante mencionar que, aunque a casi nadie le gusta pagar impuestos, es mejor pagar a tener una desagradable sorpresa por parte de la oficina de recaudación de impuestos.

5. El coach o mentor.

¿Por qué deberías tener siempre un coach o mentor? La razón es que, con ayuda de un mentor, puedes lograr resultados espectaculares en sólo una fracción de tiempo que te llevaría a lograr estos resultados por ti mismo, comprimir años en sólo meses o semanas. Un elemento del éxito es estar cerca y aprender de personas que ya están en donde tú quieres estar, que ya tienen los resultados que tú deseas tener, de esa manera comenzarás a "modelar" de manera inconsciente a esas personas y podrás disfrutar de los mismos resultados.

Mis mentores son los responsables de que yo haya tenido grandes resultados en el negocio inmobiliario y que esté trasmitiendo mis conocimientos a todas las personas que desean lograr libertad financiera con Bienes Raíces, y esto no termina aquí, sigo teniendo mentores en las áreas de negocios, sociales, espirituales, familiares, etc., estoy convencido de que imitar a las personas que tienen resultados, sus pensamientos, creencias y conductas, es la base del éxito. Siempre rodéate de personas que ya tienen los resultados que tú quieres lograr, porque si tu círculo de influencia son personas sin resultados, y por ejemplo, les planteas tu objetivo de lograr $100,000 dólares con Bienes Raíces en 180 días, lo que te dirán es que no se puede, o que dejes de soñar y te consigas un trabajo, o que eso solo es para los ricos, etc., pero ¿Qué tal si lo comentas con una persona que ya lo logró?, ¿qué te va a decir? Lo primero que te dirá es que seguro lo puedes lograr, y además de eso te dará recomendaciones y consejos de cómo lograrlo, y esto es una gran diferencia, dice el refrán "Quien con lobos anda a aullar se enseña", así que, es momento de decidir: con qué "lobos" quieres andar y qué tipo de "aullidos" quieres aprender. Si es necesario pagar para estar rodeado de las personas que tienen los resultados buscas, hazlo con mucho gusto, considéralo la mejor inversión que puedes hacer en tu crecimiento personal. Encuentra mentores de todo, si quieres bajar de peso, si quieres mejorar la relación con tu pareja, si quieres mejorar tus finanzas, etc., nunca dejes que tu sueño muera, por no estar rodeado de las personas correctas.

PASO 4: LOS BIENES RAÍCES Y LOS IMPUESTOS PERTINENTES

Como inversor comercial en bienes raíces, tiene un socio en cada operación que realiza, incluso si cree que está invirtiendo solo. Lo sentimos, no tienes otra opción: el gobierno (sistema) es tu compañero, te guste o no. Por suerte, hay formas en que puede usar las leyes existentes para reducir (o en ocasiones eliminar) las acciones que su socio, el sistema, le quita a sus ganancias de bienes raíces comerciales. Además, en realidad puede obtener beneficios de ser propietario de bienes raíces comerciales, y estos beneficios le permiten compensar o pagar menos impuestos sobre los ingresos de otras fuentes. El gobierno impone limitaciones a este beneficio, y también es importante saber cómo puede usar bienes raíces para pagar menos impuestos sobre sus ganancias de la inversión inmobiliaria comercial y obtener esos beneficios lo más rápido posible.

Cuando compre bienes inmuebles, asegúrese de ver las consecuencias impositivas de comprar porque afectan su compra de bienes inmuebles. De hecho, recuerde que en la decisión de "ir" o "no ir" sobre bienes inmuebles comerciales a menudo se reducen los beneficios fiscales. Por lo tanto, deseará incluir esta información en el análisis de su propiedad. Cuando miramos una propiedad comercial, incluimos los beneficios fiscales junto con su devolución de efectivo en efectivo. Los impuestos son parte del cálculo del rendimiento total, positivo o negativo, que la propiedad tendrá para usted.

Puede ganar dinero invirtiendo en bienes raíces comerciales, sin pagar impuestos, con las siguientes cuatro tácticas:

- Apreciación
- Depreciación y otras ventajas fiscales
- Pago de hipoteca
- Refinanciamiento

La Apreciación ocurre cuando el valor de su propiedad comercial sube con el tiempo (¡o quizás de la noche a la mañana!) porque usted ha aumentado el ingreso operativo neto. O, con el tiempo, el valor aumenta simplemente debido a los factores económicos del mercado, como la oferta y la demanda y/o la caída de las tasas de capitalización. El valor también puede subir rápidamente cuando se encuentra una propiedad donde los alquileres están por debajo del mercado y usted aprovecha para aumentar los alquileres. Asegúrese de utilizar las técnicas apropiadas para aumentar los ingresos netos de sus propiedades comerciales. Usted podrá notar que cuando el ingreso neto en una propiedad aumenta, su valor también lo hace.

La Depreciación se produce cuando el valor de un activo disminuye debido al desgaste o la obsolescencia. Obsolescencia es una palabra elegante para decir que algo ya no tiene el mismo valor que antes porque las necesidades cambian con el tiempo. Por ejemplo, el ordenador que compraste hace 15 años, incluso si está en una condición nueva, no vale la misma cantidad que un ordenador que puedes comprar hoy en día.

De la misma manera, una propiedad comercial que fue diseñada hace 30 o 40 años no cumplirá con los estándares que usted está buscando en una propiedad comercial hoy en día. En bienes raíces comerciales, este cambio en el valor se llama obsolescencia económica.

El Servicio de Rentas Internas (IRS) le permite una deducción por depreciación (en papel) si su propiedad comercial es rentable o no. Así, en efecto, usted puede tener una propiedad comercial que hace dinero cada año, sin embargo, en su declaración de impuestos, se llega a fingir que tenía una pérdida (y no pagar impuestos). ¡Qué beneficio tan increíble! Esta deducción es una de las razones más importantes de que las personas de ingresos altos tienen propiedades comerciales de calidad en sus carteras. Además del beneficio de la depreciación, como un inversor de bienes raíces comercial, usted obtiene otros beneficios sólo por estar en el negocio como un inversor de bienes raíces.

Por ejemplo, puede deducir el interés de la hipoteca y una variedad de otras deducciones para propiedades de alquiler. Y porque estás en el negocio, siempre y cuando sigas las reglas, puedes deducir gastos como conducir a tus propiedades desde tu oficina, comprar un ordenador, y todo tipo de cosas geniales que no podrías cancelar si no estuvieras en el negocio por ti mismo.

Otro beneficio fiscal es cuando usted utiliza los ingresos de sus inquilinos para pagar la hipoteca o préstamo de una propiedad. A medida que usted paga el saldo del préstamo, su equidad aumenta. No sólo está aumentando su riqueza de esa manera, sino también la cantidad de interés del préstamo que usted paga cada año es deducible de impuestos. Cuanto mayor sea la cantidad del préstamo, más interés hay que deducir. Esta deducción es la razón por la que tiene sentido aprovechar su camino en una propiedad. Usted puede aprovechar mediante el uso de una pequeña cantidad de su dinero como un pago inicial en una propiedad y luego tomar prestado el resto de un prestamista.

A veces puede incluso pedir prestados la mayoría de los fondos que necesita del propietario de la propiedad a través de un acuerdo de propietario-portador. Como resultado de este principio de apalancamiento, usted puede hacer tremendamente altas tasas de retorno.

Con los bienes raíces comerciales, usted puede tomar todas las ganancias que ha hecho en una propiedad "incluyendo toda su apreciación, beneficios de depreciación, y la reducción de la hipoteca de equidad y refinanciar el comercio en otra propiedad. Esto se llama un intercambio de impuestos diferidos 1031. Con este intercambio, en lugar de pagar impuestos cuando usted vende una propiedad, usted puede tomar sus ganancias y reinvertir o refinanciar en otra propiedad con el tiempo. ¡Es como conseguir un préstamo sin interés del gobierno!

TOMA ACCIONES CONCRETAS PARA CUMPLIR TUS METAS COMO INVERSIONISTA EN BIENES RAICES

1. Aprende detalladamente el proceso de compraventa de un inmueble.

Busca en Internet información al respecto, y lo más importante, elige la notaría que formará parte de tu equipo de poder y logra que te enseñen. Cuando domines el proceso de compraventa de un inmueble, te será más fácil calcular los rendimientos de tus inversiones, planear estrategias de inversión exitosa, podrás apalancarte de mejor manera, sabrás cómo exentar impuestos, utilizarás los tiempos de venta a tu favor, generarás mejores opciones de financiamiento, etc.

2. Aprende los requisitos y procedimientos necesarios para que un banco o institución financiera autorice un crédito hipotecario.

Hazlo como si tú fueses el bróker hipotecario, por supuesto que será una actividad que dejarás en manos de tu equipo de poder, sin embargo, es muy conveniente que domines estos requisitos y procesos, de esta manera al hacer tus negocios sin dinero, tendrás presente en todo momento los requisitos necesarios para que te paguen, y así favorecerás la venta anticipada y tendrás dinero rápido en tu bolsillo.

3. Aprende la forma de calcular el precio del mercado de cualquier inmueble.

Esta es una habilidad fundamental para generar riqueza con Bienes Raíces, debes ser muy hábil para calcular el valor de mercado de un inmueble, si no lo haces correctamente podrías hacer proyecciones financieras erróneas y hasta perder dinero. Debes ser tan hábil, al punto de saber, casi al instante, cuánto vale el metro cuadrado –en promedio- de los inmuebles de tu zona, o la zona en la que decidas invertir, necesitas adquirir una "sensibilidad de mercado", saber cómo se mueve la oferta y la demanda, ¿qué se vende más en una zona: casas o departamentos?, ¿cuál es el precio promedio?, ¿qué características podrías encontrar en las diversas zonas?, ¿cuánto se paga de mantenimiento, en promedio, en cada zona?, ¿cuánto se paga de impuestos?, etc., No requieres conocimientos especializados, sólo un poco de dedicación y tiempo para calcular los precios, y por supuesto, la asesoría del valuador de tu equipo de poder.

En el negocio de los Bienes Raíces, en casi ningún país, existen barreras de entrada, es muy fácil decidir dedicarse a este negocio, las únicas barreras que existen son las "barreras de permanencia". Si bien es fácil entrar, incluso de un día para otro, requieres perseverancia, enfoque, y disciplina para mantenerte dentro, debes aprender a disfrutar el proceso, vivirlo con pasión, hacer de este negocio tu propósito de vida, y ser fuerte mental y emocionalmente. Cuando tienes todas estas características de tu lado será inevitable que construyas

165

verdadera riqueza en muy poco tiempo, para lograr esto existen dos consejos millonarios muy importantes:

Nro. 1 APRENDE A VENDER.

Se dice, en el mundo de los negocios, que: "Aquel que va a emprender y no sabe vender, no sabe en el descalabro que se va a meter".

Es muy importante que aprendas a vender, tan importante es esto, que el 80% de tu tiempo debes estar vendiendo, vendiendo ideas, estrategias de inversión, asociaciones, etc. no importa si vas a invertir en remodelaciones, compradores, subarrendamientos, vas a levantar capital, vas a construir sin dinero, no importa la técnica que apliques, el 80% de tu tiempo debes estar vendiendo.

Es increíble la cantidad de emprendedores que fracasan por no saber vender, y por supuesto, culpan a la economía, al mercado, al gobierno, y a cuantos puedan culpar, sin embargo, aún en las peores crisis económicas, siempre hay personas exitosas en Bienes Raíces, y eso depende de ellos, no de los factores externos. Adquiere habilidad en el arte de vender y tendrás en éxito garantizado.

Ahora tienes dos opciones: salir de tu zona de confort y aprender a vender o quedarte tal y como estás financieramente pensando: "Yo soy así y no puedo cambiar" o "Yo nací así y así me quedaré", Bill Gates dijo alguna vez: "Si naces pobre no tienes la culpa, si mueres pobre es 100% tu culpa".

Nro. 2 INVIERTE EN MARKETING Y PUBLICIDAD.

Si no inviertes en marketing nunca tendrás un negocio rentable. Muchos emprendedores creen que el marketing es un gasto y no una inversión, tantos años en el negocio de los Bienes Raíces me han enseñado que la inversión en marketing es la segunda mejor inversión de tu vida, la primera es la inversión en el conocimiento. Debes crear un sistema de marketing, que haga que las personas entren a tu negocio y compren. Imagina que tienes una tienda que ofrece el mejor producto, pero nadie entra, ¿qué pasa? nadie compra y el negocio muere.

Tanto la empresa como la persona que no crece, decrece y la mejor forma de crecer tu empresa es a través del marketing, un marketing que tenga el objetivo de traer personas a tu negocio para que compren, compren tu idea de negocio, tu estrategia de inversión, tus servicios inmobiliarios, etc. de esta forma se benefician ellos, te beneficias tú y tu negocio crece.

Te deseo todo el éxito, todo lo mejor, ahora mismo tienes en tus manos la oportunidad de crear tu propia riqueza con Bienes Raíces, dispones de un conocimiento muy valioso, una información privilegiada, sin embargo, depende de ti que eso suceda, depende de ti tomar la decisión, hoy mismo, que va transformar tu vida financiera.

CPSIA information can be obtained
at www.ICGtesting.com
Printed in the USA
LVHW022228210822
726418LV00008B/321